CAMBELLA

Aus dem Leben eines Zauberkünstlers

Christoph-Joachim Schröder

CAMBELLA

Aus dem Leben
eines Zauberkünstlers

SALMAGUNDI

Die Kleine Reihe
der Edition Volker Huber

Den Nachdruck der Original-Instruktionszeichnung für den Trick »Gipfel« hat der heutige Inhaber der Firma BARTL, Herr Carl-Gerd Heubes, freundlicherweise gestattet. Dafür ein herzliches Dankeschön. Außerdem danke ich Frau Gerda Scharneweber für ihre Unterstützung bei der Bucherstellung, indem sie in der Endphase der Manuskriptgestaltung Materialien aus dem Nachlaß ihres Mannes bereitgestellt hat.

Inhalt

Inhalt

Vorwort

Meine Frage »Kennen Sie CAMBELLA?« werden die meisten Zauberfreunde verneinen müssen. Dieses Buch stellt erstmals den unbekannten Magier vor – einen begeisterten Anhänger unserer Kunst, der als Halbprofi mit dem Spiel des schönen Scheins vielen Menschen Freude geschenkt hat.

Drei Ziele verfolge ich im Besonderen: Erstens sollen die praktischen Erfahrungen eines »alten Hasen«, Trickideen und Routinen einem weiteren Kreis zugänglich gemacht werden. Wenn ein aktiver Jünger Majas stirbt, sind seine Entwicklungsbeiträge zur Zauberkunst unrettbar verloren – es sei denn, er hätte sie publiziert. Aber nicht jeder darstellende Künstler ist auch ein Fachautor. Und so bin ich quasi Ghostwriter, besser noch, Sprachrohr eines Kollegen, der auf diese Weise sein Wissen und Können nachfolgenden Generationen als Anregung und Ausgangspunkt für deren Praxis weitergibt.

Zweitens soll zugleich ein gelebtes Magierleben dokumentiert werden. Die Vorstellungen in der Vergangenheit standen unter bestimmten historischen Voraussetzungen: Auftrittsorte, Publikumsgeschmack, Präsentationsmodi, erfolgreiche Kunststücke, Bühnenverhältnisse, berühmte und weniger berühmte Kollegen, magisches Vereinsleben, Gagen, Händler, Kongresse, politische Bedingungen (Krieg, Armut, Krisenzeiten), die Kulturlandschaft, die Vergnügungszentren, die Unterhaltungsindustrie... Kurzum: Auch Zauberei hat ihre Geschichte, die wiederum in die soziale und politische Geschichte eingebettet ist.

Drittens – und das liegt mir besonders am Herzen – soll einem Zauberfreund ein Denkmal gesetzt werden. Oder ist der Ausdruck »Machmal« statt

»Denkmal« angemessener? Denn es wird ja keine steinerne Bildsäule errichtet, vor der die Nachfahren in ehrfürchtiges An*denken* versinken. Stattdessen wird durch die Tricks und Routinen Praktisches vererbt – zum Nach*machen*.

Ich hoffe, daß beim Lesen und Ausprobieren der Ideen etwas von der Freude überspringt, die ich bei der Zusammenarbeit mit einem »alten Hasen« hatte.

Christoph-Joachim Schröder

Wie ich CAMBELLA
alias Werner Scharneweber kennenlernte

Neben meiner Arbeit als Berufszauberkünstler betreibe ich ein Secondhand-Geschäft für Zauberartikel. Der Schneidermeister Werner Scharneweber war einer meiner besten Kunden, oder genauer gesagt: einer der schnellsten. Denn kaum war eine neue Angebotsliste heraus, kam sein Anruf. Er hatte fast ausschließlich Literaturwünsche. Durch eine schwere Herzkrankheit wurde er ans Haus gefesselt und war von der aktiven Zauberei zum Sammeln von Büchern und Zeitschriften, aber auch Plakaten, Katalogen, Programmheften und später auch von Videos übergewechselt. »Man muß immer in die Lücke rein, die einem das Schicksal eröffnet!« war seine Devise, und so blieb er von seiner Wohn- und Studierstube aus der Welt der Magie verbunden.

Immer, wenn ich ihm sein neues Bücherpaket, das er durch schnellen Telefonanruf ergattert hatte, vorbeibrachte, bekam ich den Auftrag, ja nicht den Kuchen zu vergessen. Seine Frau brachte dann frischen Kaffee, und es ging an das Begutachten der neuen Schätze und ans Fachsimpeln. Aus meinem kurzen Botenbesuch wurde meist ein ganzer Zaubernachmittag. Faszinierend für mich waren die vielfältigen Erinnerungen CAMBELLAS, das Lebendigwerden der alten Varietézeit und der Darbietungen so vieler großer Zauberkünstler, die ich bislang nur dem Namen nach kannte. Dazu kamen viele praktische Tips und Tricks, die mir zeigten, daß ich es nicht nur mit einem begeisterten Sammler und Geschichtsforscher zu tun hatte, sondern mit einem Praktiker durch und durch.

Auf meine Frage, ob er nicht einmal seine Erinnerungen aufschreiben wolle, meinte er: »Ach, wissen

Sie, mit der Feder bin ich nicht so geschickt wie mit Nadel und Faden oder wie mit dem Zauberstab. Aber Sie schreiben doch des öfteren in Zeitschriften. Vielleicht können Sie ja aus der einen oder anderen Sache einen Artikel machen...«

Aus der »einen oder anderen Sache« wurde schließlich das CAMBELLA-Buch, das jetzt vor Ihnen liegt. Es ist nach und nach über einen Zeitraum von etwa zwei Jahren entstanden. In den letzten Monaten des Jahres 1989 warfen die Herzattacken Werner Scharneweber so nieder, daß ich nur noch mit Hilfe seiner Frau Kontakt aufnehmen konnte. Ich stellte per Telefon meine Nachfragen und CAMBELLA besprach Tonbandkassetten, die er mir zuschickte.

Am 16. Januar 1990 starb Werner Scharneweber im Alter von 69 Jahren. Er hat das Erscheinen seines Buches nicht mehr erlebt. Sollte er aus dem Zauberhimmel einmal hinunterschauen, hoffe ich, daß er an diesem Band seine Freude hat. Allerdings glaube ich kaum, daß er noch einmal herunterschaut, vielmehr wird er längst mit den von ihm verehrten Größen der alten Varietézeit, mit CHEFALO, KASSNER und anderen zusammensitzen und natürlich – zaubern...

Magisches Selbstporträt – Werner Scharneweber erzählt

Im Unterschied zu vielen Zauberfreunden wurde ich vom »Bazillus Magicus« nicht durch einen Zauberkasten infiziert, sondern durch eine Kasperlevorstellung, bei der hinterher ein Zauberer auftrat. Was er genau zeigte, weiß ich nicht mehr, aber ich erinnere mich noch an den Tisch mit der Samtdecke und den blitzenden Nickelgeräten. Ich glaube, unter anderem hatte er das Lichtetui, die Taubenkasserolle und das Ringspiel im Programm. Als ich die Vorstellung verließ, stand für mich fest: Das willst du auch können! Aber woher als Schulkind die Tricks nehmen?

Mein erstes Kunststück erlernte ich von meinem Onkel – das zerbrochene Streichholz im Taschentuch. Dann kamen die beiden Gardinenringe hinzu, mit denen man einen Groschen verschwinden lassen konnte, und langsam wuchs mein Repertoire. Jede Kinderseite in Illustrierten wurde durchforstet, denn manchmal war dort ein kleiner Trick erklärt.

Besonderes Interesse hatte ich an Straßenhändlern, bei denen ich neue Tricks zu erlernen suchte. Damals wurden die sogenannten »Ochsenkopfkarten« angeboten, ein Satz mit diagonal geteilten Karten, die einmal als normale Spielkarten und einmal als Ochsenkarten vorgezeigt werden konnten. Noch heute wird der Satz im Zaubergerätehandel verkauft, allerdings nicht mehr in der Ochsenkopfversion, die in meiner Kindheit üblich war. Eigentlich handelt es sich um eine vereinfachte Svengaliversion, jedenfalls vom Trickthema her: Vier verschiedene Karten verwandeln sich in vier gleiche. Meistens boten die fliegenden Händler auch die Svengalikarten an, aber da wir als Kinder kaum Geld hatten, mußten wir mit der billigeren Ochsenversion vorliebnehmen.

Wie glücklich war ich dann, als ich mein erstes Svengalispiel in Händen hielt. Und wie enttäuscht war ich, als mir das Trickprinzip klar wurde, vor allem, daß es nur einen einzigen Trickkartenwert gab. Hatte es beim Händler doch so ausgesehen, als könne er ein normales Spiel in eines mit nur gleichen Karten von jedem beliebigen Wert verwandeln. Ich war das Opfer einer geschickten Verkaufsstrategie geworden: Der Händler hatte auf seinem Tisch einen

Typische Ochsenkopfkarten aus der Zeit CAMBELLAS

großen Haufen mit Spielen. Jedesmal wenn er mit einer Demonstration fertig war, gab er ein Gummiband um das Spiel und warf es auf den Haufen zurück: »Und nun Herrschaften, wer mal so ein Spiel mitnehmen möchte, um bei der nächsten Geburtstagsfeier Stimmung zu machen oder um die Skatbrüder mal so richtig 'reinzulegen – mit Anleitung kostet das Ganze...« Nach dieser Verkaufsphase fischte er aus dem Haufen einfach ein anderes Spiel, und schon verwandelte es sich in lauter Herz Buben, wo es doch eben noch Pik Asse waren.

Irgendwann bekam ich heraus, daß es in Hamburg einen Zauberladen gab: BARTL. Wie wir alle, so mußte auch ich Lehrgeld zahlen – im wahrsten Sinne des Wortes. Vorne am Tresen stand das Verkaufsgenie ROSA BARTL, die es irgendwie fertigbrachte, einem das ganze Geld aus der Tasche zu ziehen. Wenn man etwas für 50 Pfennig kaufen wollte, war man am Schluß fünf Mark los. Also gab es später für mich die eiserne Regel: »Nur soviel Geld einstecken, wie ich auch ausgeben will!« Als ich zum ersten Mal den Laden betrat, stand ich in einem langen Gang mit herrlichen Vitrinen und Auslagen. Wunder über Wunder. Ich betrachtete alles genau, und meine Wahl fiel auf »Put, die Henne im Hut«. Es klang sehr geheimnisvoll: »Der Künstler, das sind Sie...«, so stand es im Prospekt, »ist imstande, aus einem leergezeigten Taschentuch, wenn Sie morgens um acht beginnen, abends um acht immer noch Eier zu produzieren. Zum Schluß schüttet der Künstler alle erschienenen Eier auf ein Tablett. Preis: 50 Pfennig.« Ich war so eisern, daß ich mit meiner Errungenschaft, ohne das Geheimnis für mich zu lüften, nach Hause eilte. Das war eine dreiviertel Stunde Fußweg, denn Straßenbahngeld war für mich als Schüler nicht drin. Weder schaute ich in die Tüte, noch las ich die Erklärung. Ich wollte mir das Wunder bis zu Hause aufbewahren. Als ich dort mein Ei mit dem Faden auspackte, wurde mein Gesicht länger und länger. Vorgeführt habe ich den Trick nie, denn das Ei war so schwer, daß es immer unter dem Tuch hervorschaute.

Mit der Zeit bekam ich aber einen Blick für gute Kunststücke, und mein Trickrepertoire wuchs. Schließlich konnte ich ein kleines Programm zusammenstellen, mit dem ich mich beim Sparklub, beim Kaninchenzüchterverein, und so weiter präsentierte. Für meine Anfangserfolge (das Programm selbst war eigentlich nicht so sensationell) war bestimmt ausschlaggebend, daß da ein kleiner Junge in kurzen Hosen Dinge vorführte, die man einem Kind nicht zutraute.

Eines Tages kam meine Mutter in den Schlachterladen um die Ecke und hörte, wie sich die Schlachtersfrau mit einer Kundin über eine Schulweihnachtsfeier unterhielt. Dort wäre, so die Kundin, auch ein kleiner Zauberer aufgetreten, und der hätte unglaubliche Dinge gezeigt. »Ja«, sagte die Schlachtersfrau, »wissen Sie das nicht? Die Mutter dieses Wunderknaben, die steht hier neben Ihnen...« Man kann sich vorstellen, daß ab diesem Zeitpunkt von seiten meiner Mutter das Eis gebrochen war, denn welche Mutter hört so etwas nicht gerne? Mein Vater dagegen blieb lange argwöhnisch. Er hatte das ehrbare Schneiderhandwerk erlernt und hielt nichts von meinen brotlosen Künsten.

Eines Tages hatte ich mich bei der »KdF« beworben. »Kraft durch Freude« war eine nationalsozialistische Organisation, die Freizeitveranstaltungen wie bunte Nachmittage, Weihnachtsfeiern, Reisen und so weiter durchführte. »KdF«-Veranstaltungen sollten dafür sorgen, daß die Bevölkerung immer »in

Schwung« gehalten wurde. Ich nahm meinen ganzen Mut zusammen, sprach bei der Veranstaltungsleitung vor und wurde nach einer kurzen Probe meines Könnens tatsächlich engagiert. Das war mein erster großer öffentlicher Auftritt. Nun wurde dieser Abend an den Plakatwänden und Litfaßsäulen groß angekündigt, und plötzlich stand überall zu lesen »CAMBELLA-Mysterien des 20. Jahrhunderts«. Mich durchfuhr es siedendheiß: »Wenn das mein Vater lesen würde...« – denn mein Künstlername CAMBELLA war ihm ja bekannt. Ich glaube, er hätte mich damals noch übers Knie gelegt. Also traf ich mich nachts mit einem Freund, und mit Taschenmesser und Tinte machten wir den Namen »CAMBELLA« auf den Plakaten in der Nähe unserer Wohnung unkenntlich. Die Vorstellung wurde ein großer Erfolg. Und da ich mich von vornherein auf eine Laufbahn als Amateur eingestellt und wie mein Vater das Schneiderhandwerk erlernt hatte, war die heiße Luft bei uns zu Hause raus.

Mein Weg als Halbprofi

Ich habe es nie bereut, im Amateurlager zu bleiben. Auf diese Weise hatte ich immer ein sicheres Einkommen und die Freude an der Zauberkunst wurde nie durch Geldsorgen getrübt. Wie bei vielen begeisterten Magiern aus Liebhaberei bedeutet der Amateurstatus ja nicht unbedingt Dilettantismus. Ich würde mich jedenfalls – auch angesichts der vielen, vielen Auftritte – als Halbprofi bezeichnen. Manchmal habe ich mir sogar einen Spaß daraus gemacht, Leuten nach der Vorstellung auf ihre Fragen nach meinem Beruf die Antwort zu geben: »Ich bin Schneider!« Sie haben es meistens als Scherz aufgefaßt. Wahrscheinlich, weil bei oberflächlicher Betrach-

15

tung die beiden Professionen »Schneider« und »gewitzter Zauberer« wie ein Widerspruch erscheinen.

Es gab übrigens einen berühmten Kollegen, der ebenfalls Schneider war: ALOIS KASSNER. Er hatte seinerzeit einmal einen Urheberrechtsstreit mit JANOS BARTL hinsichtlich der Illusion »15 Personen verschwinden von der Bühne«. In diesem Zusammenhang schrieb BARTL an KASSNER in einem offenen Brief: »An den Schneidergesellen ALOIS KASSNER! Nichts gegen das ehrbare Handwerk des Schneiders, aber zu einem Zauberkünstler gehört doch etwas mehr...« Gleichwohl wurde KASSNER einer der ganz Großen und ehrlich gesagt, ich bin darauf auch ein wenig stolz.

Daß ich der Versuchung, Berufszauberkünstler zu werden, eisern widerstanden habe, hat auch damit zu tun, daß ich noch als Schüler einen Einblick in Wohl und Wehe des Daseins als Profi erhielt. Eines Tages kam ein Schulkamerad zu mir und sagte: »Du, ich muß dir mal was erzählen. Bei uns hat ein Zauberer seine Requisiten untergestellt. Ist das nichts für dich? Möchtest du den nicht mal kennenlernen?« Mein Herz schlug schneller und tatsächlich entstand daraus eine kleine magische Freundschaft. KUNIO, so hieß er mit Künstlernamen, stammte aus Südamerika. Seine Familie war Anfang der dreißiger Jahre ausgewandert, und er galt als schwarzes Schaf der Familie. Da er den Drang in sich verspürte, Künstler zu werden, kehrte er nach Europa zurück und versuchte in Hamburg sein Glück als Berufler. Unter anderem wurde er auch in der »Magie« erwähnt, und ein Künstlerfoto von ihm hing im Verkaufsraum von ROSA BARTL. Ich durfte ihm beim Einstudieren seiner Nummern helfen und mußte immer kontrollieren, ob etwas blitzte oder wie elegant seine Bewegungen waren.

Eines Tages war es soweit: »Ich habe ein großes Engagement in einem Zirkus! Du mußt unbedingt kommen!« KUNIO instruierte mich genau, wann ich klatschen und »Bravo« rufen sollte. Ich half ihm dann, seine Koffer zu tragen, denn ein Auto war zu der Zeit noch nicht drin. Es ging nach Barmbek, wo irgendwo zwischen Hinterhäusern (Barmbek war ein etwas trister Arbeiterbezirk) ein Zirkus aufgebaut sein sollte. Auf dem Weg dorthin redete er sich in Feuer und Flamme, wie die Nummer ablief, welchen Erfolg er wohl hätte, und wo ich das Publikum zu Begeisterungsstürmen anstacheln sollte. Zu diesem »Bravo«-Rufen bin ich nie gekommen, denn die Vorstellung fand mangels Zuschauermasse nicht statt, und das Zirkusgastspiel wurde abgebrochen. Daraufhin begann ich, mir erste Gedanken über den »Glanz« des Artistenberufes zu machen.

KUNIO war wirklich nicht auf Rosen gebettet. Eines Tages hatte er eine Vorstellung im »Eldorado«, das war ein Vergnügungslokal in der »Großen Freiheit«. Die »Große Freiheit« ist heute wie die »Reeperbahn« in Hamburg eine Straße mit Stripteaseschuppen, Animierlokalen und so weiter. Man darf nun nicht das Erscheinungsbild des heutigen St. Pauli zugrunde legen. Damals gab es wohl auch leicht bekleidete Tänzerinnen und Bardamen, aber die Programme waren, nach heutigen Maßstäben, jugendfrei. In jedem Programm traten auch Artisten auf, und so bildeten »Reeperbahn« und »Große Freiheit« mit ihren vielen Vergnügungsetablissements ein großes Arbeitsfeld für Zauberer. Irgendwie kam das Engagement für KUNIO selbst überraschend. In seiner Reklame hatte er einen Taubentrick angekündigt – also wurde am Morgen des Auftrittstages erst einmal eine Taube auf dem Hamburger Fischmarkt erstanden. Nachdem die Vorstellung zu

Ende war, ließ er sich auf der Toilette einschließen und verbrachte dort die Nacht, weil er gerade keine Unterkunft hatte. Am anderen Morgen mußte die Taube dran glauben, damit er frühstücken konnte. Solche kleinen Begebenheiten zwingen einen denn doch zum Nachdenken.

Eines Tages kam er wieder ganz begeistert an: »Heute Abend! Großer Auftritt im CAFÉ NEESER!« Das CAFÉ NEESER war ein Nachtlokal, ein Tanzcafé mit kabarettistischen Einlagen. Ich war damals vielleicht sechzehn Jahre und kam aus Jugendschutzgründen nicht hinein. Nun sollte ich mir die Vorstellung aber unbedingt ansehen, und wir kamen auf folgende glorreiche Idee. KUNIO packte mir ein Paket: »Weißt du was? Du bringst mir wie ein Bote dieses Paket und sagst einfach, daß du es dem Zauberer unbedingt persönlich abgeben sollst.«Vor dem Lokal stand ein livrierter Portier, wie es damals bei Nachtlokalen üblich war, goldbehangen, mit großer Mütze, ein Kleiderschrank von einem Mann. Ich sagte also mein Sprüchlein auf, aber der Portier ließ sich nicht beeindrucken: »Gib' mir die Sachen, und ich leite sie weiter. Und du, du geh' mal schön nach Hause und mach' deine Schularbeiten!« Irgendwie habe ich es dann doch geschafft, daß er den großen Zauberer holte. Ja, das hätte alles seine Richtigkeit, und ich sollte eben mit durchgehen, weil ich wieder etwas mitnehmen müßte... Natürlich konnte ich nicht im Zuschauerraum Platz nehmen und mußte die Vorstellung von der Bühnenseite her anschauen. Der Blick durch den Vorhangspalt ins Publikum war desillusionierend. Das Café war spärlich besucht, entsprechend spärlich fiel der Beifall aus. Und insgeheim rechnete ich nach: Wenn jeder Musiker der Kapelle, jeder Kellner, jede Garderobenfrau ihr Geld haben wollten, dann konnte als Gage für den Magier nicht viel übrig bleiben.

Die Erlebnisse mit KUNIO haben mich wohl so beeindruckt, daß ich nie mein Schneiderhandwerk als berufliches Standbein aufgegeben habe und die Zauberkunst immer mein Spielbein geblieben ist.

Eine Kehrseite meines Vereinszaubererdaseins (die meisten Auftritte hatte ich bei Vereinsfesten) gab es allerdings: die Wartezeit. Sie gestaltete sich in etwa wie folgt: »Wir machen jetzt eine Kaffeetafel, und dann kommen Sie dran!« Es war soweit, dann hieß es: »Wir machen eben noch den Kassenbericht, und dann kommen Sie dran!« Der Kassenbericht war gelaufen, dann hieß es: »Wir machen noch eine Ehrung für ältere Mitglieder, aber dann kommen Sie dran!« Die Ehrung war vorüber, dann hieß es: »Wir müssen jetzt noch ein paar Satzungsänderungen durchführen, aber dann kommen Sie dran!« Das war auch über die Bühne gegangen: »Ach, wissen Sie, wir wollen erstmal die Tombola machen, sonst laufen uns die Leute nachher weg. Dann aber kommen Sie dran!« Die Lose waren verkauft: »Lassen Sie uns die Gewinne erstmal abholen, sonst wird das wieder zu unruhig. Jeder will ja seinen Gewinn haben, und dann achtet keiner auf den Zauberer. Aber dann kommen Sie dran!« Natürlich kam die Sache nie so geballt, aber durchweg hieß es »warten, warten, warten«. Und wehe, man verließ seinen vorbereiteten Zaubertisch. Dann hob der eine dieses und der andere jenes Gerät hoch... Wenn ich daran denke, wie einmal verzweifelt meinen Maloccofaden gesucht habe, um an ihm zu ziehen, wird mir jetzt noch mulmig. Wahrscheinlich hatte ein wohlmeinender Zeitgenosse den Faden gesehen und ihn als »Abfall« entfernt. Meine Lösung für dieses Problem war schließlich das »große Abdecktuch« (siehe Kapitel »Kleinkram«).

Zauberei im II. Weltkrieg

Kurz nachdem ich den magischen Kinderschuhen entwachsen war, begann der II. Weltkrieg. So blieb es nicht aus, daß er den großen Schattenhintergrund für meine Zauberkunst abgab. Wer einmal in Ruhe die alten »Magie«-Hefte aus der Zeit von 1939-1945 studiert, wird bemerken, wie der Krieg auch für die Zauberkunst eine immer größere Rolle spielte.

Besonders die Verdunklung sorgte schnell dafür, daß die großen Abendveranstaltungen zurückgingen. Da wir aber zaubern wollten (ich trat damals häufig zusammen mit zwei Freunden auf), mußten wir uns alternative Auftrittsmöglichkeiten suchen. Schließlich kamen wir auf die Idee mit der »Wachbetreuung«.

In den großen Bürohäusern der Hamburger Innenstadt mußten von jedem Betrieb sogenannte Brandwachen gestellt werden. Deren Aufgabe war es, nach einem Fliegeralarm nach dem Rechten zu sehen, und ob vielleicht eine Brandbombe eingeschlagen war. Oder sie mußten Erste Hilfe leisten, die Feuerwehr im Notfall rufen und so weiter. Wir machten uns nun zunutze, daß in einem Bürohaus viele Firmen untergebracht waren, und jede Nacht immer eine Reihe von Menschen zusammensaßen, die sich langweilten. Ich kannte damals einen jungen Mann, der sich auf Komik verlegt hatte, und einen anderen, der ständig mit seinem Akkordeon unterwegs war.

Als wir eine kleine Truppe zusammenhatten, ging es los. Wir betraten abends ein Bürohaus und sagten: »Heil Hitler! Wir kommen von der Wachbetreuung!« Genauer nachhaken durfte allerdings niemand, denn die Sache mit der »Wachbetreuung« hatten wir uns ausgedacht. Ja, wir wären dazu da, daß die Wachmannschaften ein wenig Unterhaltung hätten und die Zeit nicht zu lang würde. In Wahrheit wollten wir nur mal wieder auftreten, Spaß haben und unser Können anwenden. Dann ging immer der Luftschutzwart durch die Flure und bat jedermann in den Luftschutzraum, weil dort gleich eine kleine Vorstellung stattfinden sollte.

Natürlich durfte in dieser Zeit kein Fliegeralarm kommen, denn dann wäre die Sache geschmissen gewesen. Aber wir hatten immer Glück. Oftmals passierte etwas, was wir bei unserer Idee überhaupt nicht eingeplant hatten. Der Wachleiter bedankte sich am Ende der Vorstellung und ergriff meinen Zylinderhut, um für uns Künstler zu sammeln. Neben Geld, das ja nicht mehr viel wert war, kamen immer schöne Dinge zusammen: Zigaretten, Schokolade oder auch mal eine Apfelsine. Beim ersten Auftritt war uns reichlich mulmig zumute. Aber nach unseren ersten erfolgreichen Vorstellungen als »Künstler der Wachbetreuung« hatten wir Mut bekommen und gingen regelmäßig los, denn Kontorhäuser gab es genug. Das ging eine ganze Weile so, aber nach und nach wurden meine Mitstreiter eingezogen, und die Sache schlief wieder ein.

Schließlich »erwischte« es auch mich. Ich bekam meinen Musterungstermin und meinen Gestellungsbefehl. Allerdings hat mich die Zauberkunst in dieser Situation davor bewahrt (jedenfalls eine Zeitlang) als Menschenmaterial für den Größenwahn der Nazipolitiker und -militärs »verheizt« zu werden.

Nachdem ich als »tauglich« zum Kämpfen für Volk und Vaterland eingemustert war, dachte ich bei mir: »Was machst du jetzt?« – Ich nahm meinen ganzen Mut zusammen und machte den Schreibstubenkräften klar, daß ich noch ein Anliegen hätte. Ich wollte dieses Anliegen der Gestellungskommission vortragen. Das klappte, und man bat mich noch einmal herein. Auf die Frage, was denn wäre, erzählte ich, daß ich mich mit der Zauberkunst befasse, und ob es nicht möglich wäre, zur Betreuung der Soldaten herangezogen zu werden. Man stand der Sache wohlwollend gegenüber, und es hieß: »In zwei Stunden sehe ich Sie wieder, und dann zeigen Sie mal, was Sie können!« Oh, dachte ich mir, das klappt ja wunderbar! Denn mein Requisitenkoffer stand nur drei Straßen weiter in der »Gewerbeschule für Nahrungsmittelberufe und Textil«. Ich hatte dort auf der Weihnachtsfeier am Vorabend meiner Musterung gezaubert. Diese Weihnachtsfeier war angesichts der schlechten Versorgungslage ein Schlemmerparadies. Die Bäcker hatten gebacken, die Schlachter das Fleisch zubereitet, die Köche gekocht und die Kellner serviert... Als Zauberer durfte ich mittafeln und auch Leckereien mitnehmen. Den Grund dafür weiß ich nicht mehr, jedenfalls hatte ich an jenem Abend keine Lust, den schweren Koffer mit nach Hause zu schleppen. Ich ließ ihn in der Schule zurück.

Ich ging also zur Schule und bekam einen Riesenschreck: Die Weihnachtsferien hatten begonnen, und die Schule war geschlossen. Da auch der Hausmeister nicht da war, sah ich meine Felle beim Wehrbezirkskommando schon wegschwimmen. Von dem Koffer hing ja mein ganzes weiteres Schicksal ab. Gegenüber der Schule lag eine Polizeiwache. Ich in meiner Not nichts wie hinein und den Beamten mein Leid geklagt: »Ich muß in die Schule, denn ich brauche doch meinen Koffer! Ich muß in zwei Stunden den Leuten auf dem Wehrbezirkskommando etwas vorzaubern!« Nach endlosem Hin- und Herdiskutieren auf der Wache sind dann zwei Polizisten mit mir zur Schule gegangen und hatten tatsächlich die

22

Tür recht schnell mit ihrem Schlüsselset geöffnet. Ich mußte den Koffer genau beschreiben und ebenso den Ort, wo er stand, denn mit hinein durfte ich bei dieser »Amtshandlung« nicht. Als beide mit dem Koffer zurückkamen, fiel mir ein Stein vom Herzen.

Wieder zurück beim Wehrbezirkskommando war ich nach einigen Präparationen bereit, den hohen Herren meine Künste zu zeigen. Da sagte plötzlich einer, lamettabehangen: »Ja, wie wäre das, wenn wir jetzt hier eine schöne Ente hergezaubert bekommen!?« Ich antwortete: »Herr Major«, (was er wirklich war, wußte ich nicht, aber ich dachte, daß der Titel »Major« Eindruck machte) »die Mittagszeit ist ja schon vorbei. Ich schlage also vor, daß wir jetzt erstmal eine Kaffeepause machen.« Schmunzelnd stimmte er mir zu und war zufrieden, daß er sich einen Witz nach dem Muster »Zaubern Sie mir mal schnell einen Hundertmarkschein« auf meine Kosten erlaubt hatte. Nur – was er nicht wissen konnte: Meine Taubenkasserolle war noch voller Kekse von der Berufsschulweihnachtsfeier. Mit großem Brimborium habe ich Papierschnitzel in die Kasserolle geworfen, dann noch Watte und Benzin hinein, und als nach hohen Flammen plötzlich Kekse erschienen waren, hatte ich gewonnen. Ich mußte meine Adresse hinterlegen, war meinen Gestellungsbefehl erst einmal wieder los und blieb noch einige Zeit von der Front verschont. Im Nachhinein muß ich sagen, daß ich bei meinen Vorführungen vor Soldaten ein so aufmerksames und dankbares Publikum hatte, wie später nie wieder. Krieg und Militär sind zweifellos eine so starke Belastung für die Menschen, daß jedes kleine Kunststück eine willkommene Ablenkung von der Unmenschlichkeit der Situation bedeutete.

Eines Tages wurde ich dann doch noch eingezogen. Trotzdem hatte ich Glück im Unglück. Ich wurde Batterieschneider und -zauberer. Da kam es häufig vor, daß ich an andere Einheiten »ausgeliehen« wurde und ausgedehnte Tourneen innerhalb der Wehrmacht machte. Außerdem konnte ich mir durch meine beiden Positionen immer viele zusätzliche Urlaubstage verschaffen, denn es fehlte an allen Ecken und Enden, und ich mußte ständig etwas organisieren. Entweder waren für die Schneiderei oder für die Zauberei Hilfsmittel zu »besorgen«.

Kurz vor Kriegsende wurde ich verwundet und kam in das Lazarett Soltau. Als die Engländer dieses Gebiet besetzt hatten, wurden wir in das zentrale Kriegsgefangenenlager »Munsterlager« verlegt. Rund 76 000 Gefangene waren dort. Bei dem Lager handelte es sich um einen ehemaligen Truppenübungsplatz der Wehrmacht, und unter anderem gab es auch einen Saalbau mit Bühne, die sogenannte »KdF-Halle«. In der Halle fanden dementsprechend Unterhaltungsabende statt wie Kino, Musikveranstaltungen, Varieté, Vorträge, und so weiter. Nun gab es dort regelmäßig Veranstaltungen für Gefangene. Für diese Abende wurden Künstler gesucht, und ich meldete mich. Aber womit eine Vorstellung gestalten? Ich hatte ja nichts mehr, nicht einmal eine Zigarette. Zudem hatte ich noch meinen Arm gebrochen, war also doppelt behindert. Wieder kam mir mein Schneiderberuf zur Hilfe. In der Kleiderkammer gab es nämlich Fallschirmseide in rot und weiß, aus der ich Tücher nähen konnte. Außerdem lieferten die Schnüre der Fallschirme die Grundlage für Seiltricks. So waren zwei Tricks schon gesichert: das Tuchtrio und das Seilzerschneiden. Glücklicherweise gelang es mir noch, ein Kartenspiel zu organisieren, so daß ich meinen »Unmöglichen Kartentrick« präsentieren konnte.

Der unmögliche Kartentrick

Mit einem Briefumschlag und einer Duplikatkarte kann man auf der Bühne ein sehr wirkungsvolles Kunststück zeigen, bei dem vier Personen beteiligt sind. Als Vorbereitung wird eine Duplikatkarte (zum Beispiel Herz As) im Kuvert verschlossen und dieses in die Brusttasche gesteckt. Von diesem Umschlag darf niemand etwas wissen. Übrigens muß das Duplikat hinsichtlich des Rückenmusters mit dem Spiel nicht unbedingt identisch sein. Im Lager war ich damals froh, überhaupt ein Duplikat aufzutreiben. Da die Karte niemals von der Rückseite gezeigt wird, macht es nichts, wenn es sich um eine »fremde« Karte handelt. Ich glaube, daß damals sogar die Vorderseite ein wenig abwich, aber bei einem Bühnentrick kann das selbst aus der ersten Reihe niemand erkennen. Herz As ist eben Herz As!

Man bittet vier Zuschauer auf die Bühne und läßt sie jeweils eine Karte ziehen, sich merken und wieder ins Spiel mischen. Bitte niemand anderen die Karte sehen lassen, sonst geht die Situationskomik verloren!

Allen wird das Herz As forciert, das sich nach dem Mischen leicht wieder kontrollieren läßt, weil es sich um eine »kurze Karte« handelt.

Jetzt kommt es nur noch auf den Verkauf an. Man fragt den ersten Zuschauer nach seiner Karte: »Herz As!«. Beim zweiten schaut man etwas ungläubig drein und fragt ihn, ob er sich denn auch ganz sicher sei: »Das wäre doch ein großer Zufall, wenn Sie beide die gleiche Karte gewählt hätten.« Beim dritten Herz As wird der Künstler etwas ärgerlich: »Hören Sie mal, das glaube ich Ihnen nicht. So etwas gibt es nicht. Haben Sie sich etwa vorher abgesprochen, daß Sie mich reinlegen wollen!? Bitte...«, jetzt zum

CAMBELLAS Kartenkünste

vierten Mitspieler gewandt, »jetzt mal ganz ehrlich: Was hatten Sie für eine Karte?« Wenn man ein wenig überzeugend schauspielert, ist wirklich Stimmung im Saal. Dabei ist es ein leichtes, die kurze Karte durch Rauschen nach oben zu kontrollieren und abzupalmieren. »Ich habe einen Beweis, daß Sie alle das Herz As gar nicht gewählt haben können. Bitte suchen Sie es einmal heraus, und zeigen Sie die Karte dem Publikum!« Reichen Sie das Spiel der Vierergruppe, und holen Sie gleichzeitig mit der anderen Hand den Umschlag aus der Tasche. Dabei bleibt die palmierte Karte in der Tasche zurück.

Lassen Sie die vier sich etwas abmühen. Irgendwann müssen diese verkünden, daß sich überhaupt kein Herz As im Spiel befindet. »Sehen Sie, meine Damen und Herren, das ist der Beweis, daß diese vier Mitwirkenden das Herz As nicht wählen konnten. Vor der Vorstellung habe ich nämlich eine Karte dem Spiel entnommen und zur Sicherheit in einem Kuvert deponiert!« Reißen Sie das Kuvert auf, und zeigen Sie die Karte. Der jetzt einsetzende Applaus markiert derart die Schlußpointe, daß Sie Karte und Kuvert beiläufig wegstecken können, ohne das Rückenmuster zeigen zu müssen.

Eigenartigerweise habe ich dieses Leib- und Magen-Impromptu-Bühnenkunststück im ersten Heft des 1. Jahrganges der »MAGISCHEN WELT« von ROLF ANDRA beschrieben gefunden. Vielleicht war es ihm damals aus den gleichen Armutsgründen wie mir so lieb und teuer. Auch später, als es wieder mehr Requisiten gab, habe ich den Trick wegen seiner guten Wirkung gern vorgeführt.

Mein größter Trick

Ich hatte durch einen Unfall einen verkrüppelten Fuß und ein etwas kürzeres Bein. Folglich hinkte ich. Allerdings muß ich zugeben, daß ich erst seit dem Tag der Musterung, also künstlich, richtig hinkte. Dadurch konnte ich dieses oder jenes eben nicht leisten... Während der ganzen Kriegszeit und auch in der Gefangenschaft habe ich das Theater durchgehalten und jeder kannte mich so.

Nach dem Krieg passierte nun Folgendes: Ich ging an einer U-Bahnstation die Treppe hinunter, und mein Blick traf einen jungen Mann. Ich dachte »den kennst du doch...«. Während ich so hin und her überlegte, guckte er mich auch immer wieder an. Als Zauberer ist man ja mit so vielen Menschen zusammengetroffen, daß man sich alle gar nicht merken kann, und man wird des öfteren begrüßt, ohne sich genau erinnern zu können. Wir traten aufeinander zu, und ich sagte: »Wir kennen uns doch!« Wir nannten unsere Einheitsnummern und stellten fest, daß wir aus demselben Bataillon kamen. »Ja«, sagte er, »du bist doch der Zauberer. Als du die Treppe herunterkamst, habe ich schon gedacht: Das ist der Zauberer! Nun mußt du nur noch aufpassen: Wenn er jetzt humpelt, dann ist er's!« Nur – ich humpelte nicht mehr. Etwas erstaunt schaute er mich an und fragte, ob mit meinem Fuß wieder alles in Ordnung sei. Da mußte ich doch sehr schmunzeln, und ich sagte:»Nun will ich dir mal etwas verraten, was ich noch niemandem gestanden habe: Das war mein größter Trick!«

Zauberunterricht nach dem Kriege

Als ich nach kurzer Kriegsgefangenschaft wieder in Hamburg war, gab es nur Trümmer und Armut. An Veranstaltungen war nicht zu denken. Da kam mir die Idee mit dem Zauberunterricht. Gemeinsam mit einem Zauberfreund gab ich eine Anzeige in der örtlichen Zeitung auf. Überschrift:»Wollen Sie zaubern lernen?«. Ehrlich gesagt waren wir über das verhältnismäßig große Interesse erstaunt. Die Teilnehmerzahl lag immer zwischen acht und 15 Personen. Da wir zu Hause sehr beengt in Notunterkünften wohnten, suchten wir uns eine zentral gelegene Gaststätte mit Clubraum. Hinter dem Hauptbahnhof fanden wir eine Kneipe mit einem schlecht beleuchteten Clubraum im Keller. Es roch ziemlich muffig, aber Alternativen gab es nicht, und schließlich verlieh der Kellerraum dem Ganzen einen mystischen Hauch. Der Kursus dauerte acht Stunden, jede Stunde kostete zehn Mark. Es wurden aber nur jene Stunden bezahlt, an denen man auch teilgenommen hatte. Für uns beide bedeutete das einen guten Nebenverdienst, und auch die Teilnehmer waren sehr zufrieden. Eines Tages kam ein Herr, der auch zaubern lernen wollte. Er sei Vertreter und habe seinen Kunden schon versprochen, beim nächsten Besuch Zaubertricks zu zeigen. Was wir nicht wissen konnten: Dieser Herr war Hellmut Gunst, ein einflußreiches Mitglied des »Magischen Zirkels«. Man hatte dort unsere Anzeige gelesen und wollte mal »nach dem Rechten sehen«. Er wollte vor allem immer wissen, ob ich ihm auch Tricks verkaufen könnte. Aber ich habe ihn nur an die Firma BARTL verwiesen. Er versuchte, uns in die illegale Ecke zu drängen, indem er ständig im voraus bezahlen wollte. Aber wir bestanden darauf, nur die tatsächlichen

Stunden zu berechnen. Nachdem seine »agent provocateur«-Versuche mißlungen waren, tauchte er nie wieder auf.

Die Geschichte war aber noch nicht zu Ende. Eines Tages kam ein Brief von der »Internationalen Artistenloge«, in dem uns vorgehalten wurde, daß wir Kurse abhielten, ohne dazu befugt zu sein, da wir dafür keine Prüfung abgelegt hätten. Der Brief schloß mit einer Vorladung, wo wir uns zur Sache äußern sollten. Wir haben aber nur brieflich geantwortet: »Solange jedermann sich jeden Trick bei einem Zaubergerätehändler kaufen kann, sofern er nur genug Geld hat, sehen wir keine Gefahr darin, Zauberunterricht zu erteilen. Im übrigen fragen wir an, wer Ihnen die Befugnis erteilt hat, uns vorzuladen? Bitte nehmen Sie zu unseren Bemerkungen zunächst einmal schriftlich Stellung. Dann sind wir gerne zu einer Aussprache bereit.« Auf eine Antwort warten wir noch heute.

Die goldene Zeit des Varieté

Als sich in den fünfziger Jahren das Leben wieder stabilisierte, habe ich mich ganz auf meine Arbeit als Schneidermeister konzentriert und bin nur noch in kleinem Rahmen aufgetreten. Als ich außerdem einen Herzinfarkt erlitt, war es mit den Auftritten ganz vorbei. Aber ich habe mir eine große Bibliothek aufgebaut und nehme als Sammler von Büchern am magischen Leben teil. Dabei bleibt die intensive Beschäftigung mit der Geschichte der Zauberkunst nicht aus, und ich muß rückblickend sagen, daß ich das Glück hatte, in der großen Zeit der Unterhaltungskunst zu leben. Diese Zeit ist mit dem Aufkommen des Fernsehens verschwunden, und auch die Zauberkunst hat sich grundlegend geändert. Der heute so wichtige Zweig »Zauberei für Zauberer« existierte vor dem Krieg eigentlich nicht. Stattdessen gab es unübersehbare Auftritts- und Arbeitsmöglichkeiten für Artisten. Da die Menschen kein Fernsehen hatten, suchten sie ihr Vergnügen in einer breit gefächerten Unterhaltungsöffentlichkeit. Es gab Tanzveranstaltungen (immer mit großen Live-Kapellen), Varietés, Operettengastspiele, Volksstücke, Zirkus, Revuetheater und so weiter. Außerdem war die Großstadt Hamburg übersät mit Bühnen.

Heute hat sich der Charakter der »Bühnen«-Magie so gewandelt, daß der Zauberkünstler auf Umringtbedingungen zu ebener Erde eingestellt ist. Er arbeitet am liebsten ohne Tisch aus einer kleinen Tasche. Früher waren die aufwendige Vorbereitung, der verhangene Tisch, die komplizierte Fadenführung und so weiter kein Problem, denn alles fand auf einer großen Bühne statt, die in jedem größeren Etablissement vorhanden war. Um nur einige Namen zu nennen: Ballhaus Reisner, Ballhaus Trichter, Covent-Garden, Wandsbeker Stadttheater, Eisenbahnhotel, Ballhaus Holsatia, Ballhaus Sagebiel (mit drei großen Sälen hintereinander, jeder Saal mit einer eigenen Bühne), Alcazar (mit zwei Kapellen und einer Hebebühne; wenn der Tanz vorbei war, fuhren die Artisten mit einer Hebebühne aus dem Keller empor).

So gab es auch für Amateure viele Auftrittsmöglichkeiten. Freilich waren die Gagen klein, eher nur Trinkgelder. Da ja damals an ein eigenes Auto nicht zu denken war, ging das Geld meistens für die Taxifahrten drauf. Man darf dabei nicht vergessen, daß die großen Koffer durch die Tische, die Aufbauten und vor allem durch die Nickelgeräte ziemlich schwer waren. Selbst bei drei Vorstellungen am

Tage – und das war keine Seltenheit – konnte man nicht reich werden. Aber das war nicht wichtig. Das Entscheidende war die Freude des Auftretens und das »Dabeigewesensein«.

Zu den reinen Varietés kamen die vielen Nachtlokale als Profi-Arbeitsfeld. Man kann sagen, daß jedes Nachtlokal auf der »Reeperbahn« und auf der »Großen Freiheit« immer einige artistische Darbietungen im Programm hatte. Schließlich die Kinos! Wohl die wenigsten werden sich daran erinnern, daß es früher im Vorprogramm eines Kinos ebenfalls eine Bühnenschau mit meistens drei Darbietungen gab. Man muß sich auch vor Augen führen, daß zum Beispiel im UFA-Kino etwa 3000 Personen Platz fanden. So war für einen an der Zauberkunst interessierten Menschen eigentlich immer etwas los.

Ich habe viele berühmte Protagonisten der Zauberkunst gesehen: JOHN OLMS, MARION SPADONI, PEGGY LAUDER, CHEFALO, KIO, KALANAG, SYLVESTER SCHÄFFER... Letzterer ist bei den heutigen Magiern kaum bekannt. Er gehört in die Reihe der zaubernden Artisten, denn er war ein sogenannter Universalkünstler, der ganz alleine die zweite Hälfte eines Programmes bestritt, und der unter anderem auch eine Zaubernummer hatte.

JOE LABÉRO war ebenfalls kein ausgesprochener Magier. Er war eher Experimentator, der ein abendfüllendes Programm mit Muskellesen, Tierhypnose, Tricks der starken Männer und Experimenten mit flüssiger Luft brachte. Man kann seine Vorstellung gut mit der »Knoff-hoff-Show« im Fernsehen vergleichen. Dabei bildete die »flüssige Luft« den Höhepunkt. LABÉRO kaufte seine Luft von Kühlwerken und brachte sie in doppelwandigen Glasflaschen auf die Bühne. Zunächst wurde ein großer Eisblock hereingebracht und darauf ein Kupferkessel gestellt.

Dann zog sich LABÉRO dicke Schutzhandschuhe an, denn »wenn zum Beispiel mein kleiner Finger mit der 191 Grad kalten Luft in Berührung kommt, gefriert er sofort zu Eis, wird spröde wie Glas und zerspringt in tausend Stücke!«

So ganz ungefährlich waren seine Vorträge wohl wirklich nicht. Als er nun die flüssige Luft in den Kupferkessel goß, begann sie aufgrund des Temperaturunterschiedes zum darunterliegenden Eisblock sofort zu kochen. Am eindrucksvollsten war für mich die Rose, welche er in die flüssige Luft tauchte und die im Nu zu Eis erstarrte. Er nahm ein Messer und schlug es leicht gegen die Rose, so daß ein »Bing« ertönte, wie wenn ein Redner sich durch das Anklopfen gegen ein Glas Gehör verschaffen will. Schließlich schlug er heftig gegen die Rose, und sie zersplitterte!

Die ganze Schau dauerte drei Sunden, mit einer halbstündigen Pause. Die mußte deshalb so lang sein, weil in dieser Zeit sein Buch »Wundermänner, ich enthülle eure Geheimnisse!« verkauft wurde. Das Buch war im Buchhandel nicht erhältlich – so jedenfalls der Werbezettel – und die meisten Zuschauer kauften ein Exemplar. Aber einmal ehrlich – wer hätte es bei dieser raffinierten Anpreisung nicht gekauft: »Jedermann kann nach geringer Übung auf Grund der leichtverständlichen Erklärungen und Anleitungen des LABÉRO-Buches alle im LABÉRO-Vortrag demonstrierten Experimente und außerdem noch viele andere verblüffende Kunststücke sofort selbst ausführen! Der Buchpreis von zwei Reichsmark entspricht einem tatsächlichen Inhaltswerte von Hunderten von Mark, denn professionelle Hellseher, Telepathen, Tier-Hypnotiseure und Experimental-Psychologen haben auf Grund der Kenntnis nur eines ganz geringen Teiles dieses Buchinhalts nachweislich enorme Gagen, ja sogar Vermögen verdient!« Da der Eintrittspreis damals 1,50 Reichsmark betrug, war wahrscheinlich auch der Buchverkauf eine wichtige Einnahmequelle. Im Buch führt LABÉRO übrigens aus, daß HANUSSEN seine mentalmagischen Techniken bei ihm gelernt habe.

CORTINI war der Aristokrat unter den Zauberkünstlern. Alles war gepflegt, jeder Schritt ausgewinkelt. Es war eine Freude, diesen Mann arbeiten zu sehen.

ALOIS KASSNER nannte man gehässigerweise (in Anlehnung an seinen Namen) den »Kisten- und Kastenzauberer«. Aber wer ihn gesehen hat, wurde doch eines anderen belehrt.

BENNO PANTEL-PATRIX war unübertroffen in seinem Humor. Er konnte seine Requisiten in einer Aktentasche unterbringen und brachte damit jeden Saal zum Toben. Nie wieder habe ich einen vergleichbaren Komiker erlebt, der nur einmal ins Publikum zu gucken brauchte, und schon lachten alle aus vollem Halse. Dabei waren die Tricks selbst, zum Beispiel ein Seilzerschneiden oder ein Zeitungszerreißen, ganz läppisch.

Eines Tages, es war gerade Fliegeralarm gewesen, kam ich aus dem Luftschutzkeller und las auf einer großen Anschlagtafel: »CANTARELLI! Soundsoviel Kilo Gepäck! Soundsoviel Eisenbahnwagen Requisiten! Soundsoviel Mitwirkende! Soundsoviel Kostüme!« So hörten sich damals die Werbesprüche der großen Varietézauberer an. Selbstverständlich führte mich mein Weg zu CANTARELLI in die »Flora«. Neben Großillusionen wußte er auch aus kleinen Kunststücken etwas zu machen. Ein Meisterstück war sein »Geldschein in der Kartoffel«, bei dem er sechs Zuschauer auf die Bühne holte. Sie saßen in einer Stuhlreihe, wobei CANTARELLI hinter den Mitwirkenden agierte und so manipulativ leichtes Spiel hatte. Jeder Zuschauer mußte den Geldschein im Tuch kontrollieren, indem er unter das Tuch faßte und die Banknote befühlte. Dies gab dem Vortragenden Gelegenheit zu Sprüchen wie »Na, hier ist wohl ein noch besserer Zauberer unter Ihnen, der das Geld gleich verschwinden läßt...?«

Ganz sensationell herausgestellt wurde bei ihm die Kreissägen-Illusion. Ich glaube auch, daß es CANTARELLI war, der diese Variante der zersägten Dame als erster in Deutschland einem größeren Publikum zeigte. Dabei hatte er eine Finesse, die ich nie wieder gesehen habe, auch später bei KALANAG nicht: Ein Zuschauerkomitee konnte den gesamten Aufbau prüfen und durfte eine Holzlatte mit mehreren Unterschriften, Telefonnummern und so weiter kennzeichnen. Dann wurde die Holzlatte unter die Taille der mitwirkenden Assistentin geschoben und war zum Schluß zersägt, was die Zuschauer durch Prüfung ihrer Unterschrift bestätigten.

Ebenfalls während des Krieges trat eines Sonntagmorgens in einer Matinee FREDO MARVELLI auf. Seine Künste waren einmalig, aber der Rahmen... Es mag an der Zeit gelegen haben. Man muß sich den muffigen Saal eines Vorstadtkinos vorstellen. Es brannten trübe Birnen (vielleicht eine Auswirkung der Stromsperre), und richtige Scheinwerferbeleuchtung war nicht vorhanden. Irgendwie sah man sich versetzt in die Umgebung einer traurigen Jahrmarktsschaubude. Im Hintergrund dudelte ein altes blechernes Grammophon, das war die musikalische Untermalung. So konnte also auch der Rahmen eines ganz Großen in der »goldenen Zeit« aussehen!

Nach dem Kriege kam noch einmal eine Blüte der großen alten Varietémagie mit KALANAG. Aber dann machte das Fernsehen der Mannigfaltigkeit dieser

Live-Unterhaltung den Garaus. Eines Tages, es war, glaube ich, 1972, kam SORCAR JUN. nach Hamburg ins Operettenhaus. In diesem Theater hatte KALANAG in den Fünfziger Jahren Triumphe gefeiert. Ich ließ die erste Woche verstreichen, weil ich dachte, daß es sinnlos wäre, sich um Karten zu bemühen. Als ich dann aber an der Kasse eine Karte im Vorverkauf erstehen wollte, antwortete man mir, das Gastspiel wäre abgebrochen. Auf meine erstaunten Blicke hin erklärte man: »mangels Zuschauerinteresse!« Das gab mir doch zu denken. Man mußte sich also wirklich überlegen, ob die Zauberei nicht mehr gefragt war. Denn SORCAR hatte sehr gute Kritiken in der Zeitung erhalten. An den ersten Tagen wurden Freikarten verteilt und die Zauberfreunde vom »Magischen Zirkel« füllten den Saal. Dann gab es natürlich immer einige Menschen, die als Zuschauer eine besondere Vorliebe für die Zauberkunst hatten, und die in den ersten Tagen die Vorstellung besuchten. Aber dann war Schluß...

Meine Überlegung: »Nun ist das Ende der Zauberkunst da«, war damals sicherlich voreilig, und sie ist nur unter dem Schock zu verstehen, als ich an der Theaterkasse plötzlich mit dem Gastspielabbruch konfrontiert wurde. Denn in Wahrheit hat sich die Zauberkunst nur gewandelt und ist in gewissem Sinne in den letzten zwanzig Jahren erst so richtig aufgeblüht: Die vielfältige Literatur (auch aus dem Ausland), die Händler, die Kongresse, das Vereinsleben, ja manche Zweige wie die Kinderzauberei oder die Zauberei für Zauberer (darin eingeschlossen die vielen Seminare) und auch die Tischmagie kamen erst auf, als die große Zeit der Varietémagie schon zu Ende war.

Wenn ich nunmehr als Sammler auf mein magisches Leben zurückblicke, muß ich sagen, daß es mich mit Dankbarkeit erfüllt, die große Varieté-Epoche miterlebt zu haben – als Zaungast und als Ausführender... Man lebte in der Welt des Varieté durch ständige Besuche von Vorstellungen *und* gehörte als aktiver Amateur »dazu«.

Der erstaunliche Jongleur

Meine Doppelrolle als Zuschauer und als Aktiver zugleich bescherte mir eines Tages das für mich denkwürdigste Erlebnis im Reich der Zauberkunst. Ich trat seinerzeit zusammen mit einem Freund unter dem Titel »DIE ZWEI CAMBELLAS« auf, und wir hatten im Ruderclub an der Alster eine erfolgreiche Vorstellung gegeben. Die Gage wurde ausgezahlt, und wir fühlten uns entsprechend stark. So entschlossen wir uns, in der Meinung, das müßte nun sein, auf einen Sprung in die »Artistenklause« reinzusehen. Die »Artistenklause« war ein ganz kleines Lokal hinter dem »Hansa -Theater« und wurde von einem Zauberkünstler bewirtschaftet.

Daß wir uns so ohne weiteres hineintrauten, lag auch an meinem Koffer: Der war nämlich über und über mit Hotelaufklebern bedeckt. Es handelte sich im wahrsten Sinne des Wortes um einen Etikettenschwindel, denn auf einer Veranstaltung hatte ich gesehen, wie der Saxophonkoffer eines Musikers mit wunderschönen Etiketten beklebt war. Ich fragte ihn, ob er davon vielleicht eines entbehren könnte. Der Saxophonist lachte: »Ja mein Jung', wenn du dich dafür interessierst, besuch' mich man mal!« Er war nämlich Bordmusiker auf Ozeanriesen gewesen, hatte die ganze Welt bereist und diese Marken gesammelt. Nachdem ich seine Sammlung bewundert hatte, schenkte er mir einen ganzen Stapel

Aufkleber, und ich hatte ab da einen »richtigen« Artistenkoffer. Irgendwoher ergatterte ich später einen knallroten Balken mit dem Wort »Artistengepäck«, der schließlich quer über den Koffer geklebt wurde. Ich brauchte noch gar nichts vorgeführt zu haben, aber mein Koffer erregte sofort Aufmerksamkeit.

So ausgerüstet erreichten wir die »Artistenklause«. Wir kamen uns unheimlich wichtig vor – aber es saß nur ein einziger Gast im Raum. Wir nahmen Platz, bestellten unser Getränk, und schon kam der Herr auf uns zu. Er betrachtete aufmerksam unseren Koffer und fragte uns, was wir denn machten. Ja, ...also, ...wir würden zaubern. »Ah«, meinte er, »das ist ja interessant. Könnt ihr denn auch etwas mit Karten?« Natürlich konnten wir. Der Unbekannte erklärte, für Kartenkunststücke hätte er schon immer eine Schwäche gehabt, und ob wir ihm nicht einmal etwas zeigen könnten. Er bat uns an seinen Tisch, und wir zeigten ihm ein paar Kartentricks, von denen wir glaubten, sie wären unergründlich.

Der Mann staunte offensichtlich, runzelte mit der Stirn und fragte: »Sagt mal, sind die Karten etwa präpariert? Das ist ja komisch. – Wie macht ihr das bloß? Darf ich die Karten mal sehen?« Er nahm das Kartenspiel zur Hand, prüfte es aufmerksam und murmelte: »Na, na, wenn die man nicht gezinkt sind!« Wir versicherten ihm hochheilig, daß es sich um ganz gewöhnliche Karten handelte. Er überlegte einen Moment und sagte dann: »Wißt ihr was? Ich kenne auch einen Kartentrick. Wartet mal, wie ging der noch?« Während der Vorführung wurden unsere Augen immer größer. So etwas hatten wir noch nicht gesehen. Er sah wohl unsere betroffenen Gesichter, und da legte er erst richtig los. Nie wieder habe ich eine solche Vorstellung mit Karten am Tisch gesehen. Das schönste für uns Jungen war damals, daß er jedem von uns zum Abschied fünf Mark schenkte. Das war seinerzeit viel Geld, etwa der Tageslohn eines Handwerkers. Als er seinen Hut nahm, stellten wir ihn zur Rede: »Sagen Sie mal ehrlich! Sie sind doch Zauberkünstler!« Der Unbekannte lächelte und schüttelte den Kopf: »Nein, ich bin Jongleur!« – Als er schließlich das Lokal verlassen hatte, guckten wir uns beide dumm an. Schließlich fragten wir den Wirt: »Kennen Sie den Herrn?« – »Ja«, antwortete der, »der ist hier im Hansa-Theater engagiert. Wie heißt er denn noch...? Wartet mal...« Er zeigte auf das Hansa-Monatsplakat, auf dem die Namen und Fotos der gastierenden Artisten standen. Was war dort zu sehen und zu lesen? »GRAZIADEI – Europas größter Kartenkünstler«. – Uns fiel es wie Schuppen von den Augen!

CHEFALO und sein Programm

Zweifellos war Werner Scharneweber von keinem Künstler jemals so beeindruckt wie von CHEFALO. Und viele Dinge, die er bei ihm gesehen hat, finden sich in seinem CAMBELLA-Programm, natürlich angepaßt an seine Amateursituation, denn CHEFALO arbeitete mit großem Aufwand. Er hatte eigene Kulissen, mehrere Assistenten, viele Tiere, Großillusionen und so weiter – ähnlich wie DANTE oder auch später KALANAG. Sein Programm war zugeschnitten auf ein »großes Haus«, in dem er halbabendfüllend auftrat. Werner Scharneweber erlebte ihn zum ersten Mal im Hansa-Theater, wo in der ersten Programmhälfte ein buntes Varietéprogramm lief, und die zweite Hälfte von der CHEFALO-Schau bestritten wurde. Obgleich viele raffinierte Ideen CHEFALOS heute nicht mehr »gehen«, fasziniert ein Blick hinter die Kulissen dieses großen Magiers. Anhand seiner Denkweise können wir lernen und uns anregen lasen, ähnlich wie seinerzeit CAMBELLA. Wer die Routinen »Das unzerstörbare Seil« oder »Die Sache mit dem Taschentuch« aufmerksam studiert, wird vielleicht bemerken, daß CHEFALO hier Pate gestanden hat. Übrigens benutzte dieser als Zauberwort (wie KALANAG oder DANTE ihr »Simsalabim«) die Nonsens-Schöpfung »Malahai! Malahai!«, die auch CAMBELLAS Lieblingszauberspruch wurde. Doch nun lassen wir Werner Scharneweber wieder selbst zu Wort kommen.

CHEFALO im Programm war der Star des Abends. Er bestritt die gesamte zweite Hälfte nach der Pause. Als ich ihn zum ersten Mal sah, wurde er angekündigt als »CHEFALO mit seinen Riesen und Zwergen«. Das war etwas übertrieben, denn er hatte nur jeweils einen. Aber beide wurden in seinem Programm so oft eingesetzt und hatten unter seinen Assistenten eine derart herausgehobene Stellung, daß der kleine Schwindel nicht auffiel. Beim Auftrittseffekt spielten sie gleich eine zentrale Rolle. Sie agierten innerhalb der ersten Illusion, noch bevor der große Meister selbst erschienen war.

Dieses Erscheinen war ein Meisterstück an Spannungsaufbau. CHEFALO benutzte eine Reihe von Vorhängen hintereinander, welche die Tiefe der Bühne regulieren konnten. War zum Beispiel nur der dritte Vorhang geschlossen, konnte davor die Schau laufen. Dahinter jedoch wurde gleichzeitig die nächste Nummer aufgebaut. Nach Abschluß des Tricks öffnete sich dann der Vorhang, und ein neues farbenprächtiges Bühnenbild tauchte auf. Teilweise waren die Vorhangstoffe auch bemalt und dienten als Kulissen. So auch in seiner Eröffnung.

Die Pause war zu Ende, und das Publikum hatte erwartungsvoll wieder Platz genommen. Und dann begann bei geschlossenem Vorhang die Eröffnungsmusik: »Aladins Wunderlampe«. Das war CHEFALOS Markenzeichen am Anfang. Ich hatte mich damals mit dem Schlagzeuger des Hansa-Theaters angefreundet und habe viele Vorstellungen neben ihm sitzend erlebt. So konnte ich gut einen Blick auf das Notenpult des Kapellmeisters werfen. Dort stand »Aladins Wunderlampe«. Von wem das Stück ist, weiß ich nicht, aber ich habe es des öfteren im Radio gehört. Es muß also ein gängiges Konzertstück sein, nicht eigens für CHEFALO komponiert. Immer wenn ich diese Musik irgendwo höre, sehe ich sofort wieder CHEFALO vor mir.

Dann ein Gong und der erste Vorhang öffnete sich. Wieder ein Gong und der nächste Vorhang und so weiter. CHEFALO hatte ägyptische Dekorationen: Säulen, Pyramiden, eine Karawane, Tempeltänzerinnen, Palmen und Sandwüste. Nachdem der Blick auf die letzte Kulissen frei war, kamen der Riese und der Zwerg. Der »Riese« war ein Zweimetermann, der einen Türkenfez trug. Dadurch wirkte er noch größer und der Zwerg daneben noch kleiner. Beide rollten eine große Trommel herein – ohne Trommelfell. Man konnte also durch die Trommel hindurchsehen. Sie war leer. Dann wurde sie mit Papier bespannt, erst die eine Seite, das ganze herumgedreht, und dann die andere Seite. Als nächstes kam die Trommel auf ein Podest, und beide Assistenten begannen, auf der Vorderseite ein Mondgesicht zu malen. Das hatte den Sinn, CHEFALO, der unten im Podest steckte, Zeit zu geben, durch eine Klappe in das Trommelinnere zu steigen. Schließlich zog man die Trommel mit Hilfe eines Seiles auf halbe Höhe und rollte das Podest weg. Dann kam der unvermeidliche Trommelwirbel, ein Schuß, das Papier wurde von Innen zerrissen, und CHEFALO war erschienen. Er sprang heraus, und stand da mit Frackmantel und Monokel, um den Applaus einzukassieren.

Die genaue Reihenfolge des Programmes habe ich jetzt nicht mehr im Gedächtnis, und ich will im Folgenden einfach die Nummern, die sich mir besonders eingeprägt haben, so beschreiben, wie sie mir gerade einfallen.

Der Kükentrick

CHEFALO war dafür bekannt, daß er es mit Tieren nicht so genau nahm. Und ich muß sagen, so toll sein Kükentrick auch war, die Tiere haben mir immer leid getan. Er trat mit einem Changierbeutel vor den Vorhang. Es war also ein »Vor dem Vorhang«-Trick, so daß dahinter die nächste Großillusion nebst Kulisse aufgebaut werden konnte. Den Changierbeutel zeigte er durch Kneten und Auswringen leer vor (die armen Tiere!) und holte dann fünf bis sieben Küken heraus, die von einer Assistentin auf ein Tablett mit etwas erhöhter Umrandung gesetzt wurden. Dieses Tablett war hohl, konisch und von schwarzer Farbe. Durch eine Öffnung steckte CHEFALO die Küken in den Hohlraum des nach vorne konisch zulaufenden Tablettes, ein Schuß ertönte, er entfernte die Umrandung und die Assistentin wirbelte das Tablett an jeweils zwei Diagonalecken herum. Das ging so schnell, daß niemand die konische Form bemerkte, zumal die Assistentin nach dem Herumwirbeln sofort in die Kulisse abging – die Küken waren verschwunden!

Chefalo. Circa 1930

Man darf CHEFALO hier nicht mit BORRA vergleichen.
Er hat vielmehr nebenbei mitgehen lassen, was er
kriegen konnte. Zum Beispiel während des Ring-
spieles, das er im Publikum präsentierte. Wenn er an
irgendeinem Tisch eine kleine Damenhandtasche
sah oder ein Brillenetui, nahm er den jeweiligen
Gegenstand mit, um ihn später auf der Bühne wieder hervorzuziehen. Zum Klauen größerer Taschen
war sein schwebender Tisch sehr gut geeignet. Über
diesem Tischchen lag eine Decke, und die gab ihm
Deckung. Oder mittels der kleinen Tuchverschwin-
demanipulation kam er an die Taschen seiner Opfer
heran. Er ließ ein Tuch verschwinden und trat dann
auf einen Herren zu, dem er es wieder aus der Tasche
holte. Und dabei passierte der »Klau«. Beide Tricks,
den schwebenden Tisch und das verschwindende
Tuch, werde ich an anderer Stelle noch ausführlich
beschreiben, denn ich habe sie selbst immer gern
vorgeführt.

Zusätzlich arbeitete er mit einem eingeweihten
Zuschauer, einem Assistenten aus seiner Truppe.
Dem klaute er auf der Bühne ungefähr sechsmal das
Portemonnaie. Er zeigte irgendeinen Trick mit Zu-
schauerassistenz, und als der Mitspieler die Bühne
verlassen wollte, überreichte CHEFALO ihm die
Geldbörse mit der linken Hand, klopfte ihm nochmals
auf die Schulter und hatte sie rechts schon wieder.
Das ging fünf bis sechs Mal so, und als der »Zuschauer« schon fast wieder an seinem Platz war, rief CHEFALO:
»Mein 'err, Sie 'aben vergessen etwas...« Das gab noch
einmal einen unheimlichen Lacher, als er ihm schließlich das Portemonnaie wieder überreichte.

CHEFALO sprach übrigens immer gebrochen
Deutsch und wenn irgendein Besserwisser ihn etwas

fragte, schaute er nur listig ins Publikum und sagte:
»Ich nix verstehn Deutsch...«

Da ich durch meine Bekanntschaft mit dem
Schlagzeuger das Programm mehrmals nacheinander sehen konnte, war mir der eingeweihte Zuschauer schnell aufgefallen. Wenn ich mich recht erinnere, hat CHEFALO seinen Taschendiebstahl mit eingeweihtem Assistenten immer an den »schwebenden Tisch« angehängt, denn auch hier wurde ein Strohmann gebraucht, der am Tisch kleben blieb (siehe unten).

Der Blumengarten

Am Schluß war die ganze Bühne mit Federblumensträußen angefüllt, ein überwältigender Anblick. Dieser Trick war ein Meisterstück an Regie. Technisch lief die Sache verblüffend einfach ab: Fünf oder sechs Assistenten und Assistentinnen standen in einer Reihe nebeneinander auf der Bühne. Sie waren in Chinagewänder gekleidet und hielten, in typischer Haltung, die Arme verschränkt. Davor lag eine orientalische Brücke, also ein Teppich. CHEFALO zeigte den Teppich, es kann auch eine Matte gewesen sein, von beiden Seiten vor. Die Assistenten halfen dabei. Das Ganze wurde zusammengerollt und mit Riemen verschnürt. Dann kam von oben ein Flaschenzug, die Matte wurde auf halbe Höhe nach oben gezogen, und CHEFALO trat unter die Matte. Und dann zog er einen Federblumenstrauß nach dem anderen heraus. Natürlich nicht kleine Ärmelbuketts, sondern riesengroße Sträuße, die in Ständer oder Blumenvasen hineinkamen. Dazwischen zog er auch Stechblumen heraus – es war ein wunderschönes Bild.

Der Grundtrick mit der Matte war ganz einfach. Die Assistentinnen standen am Anfang in Reih und Glied, und hinter ihnen lag die geballte Ladung. Im selben Moment, wenn die Matte vorgezeigt worden war und sich jetzt senkrecht befand, traten die Mitwirkenden zur Seite und wickelten die Ladung mit ein. Frech, aber gut!

Es gab außerdem einen raffinierten Trick dabei, um dem Ganzen ein ungeheures Volumen zu verleihen. Die Assistentinnen hatten am Körper und in den Ärmeln weitere Buketts verborgen. Und wenn sie einen Strauß zum Wegstellen erhalten hatten, zogen sie im gleichen Rhythmus noch einen weiteren aus dem Gewand heraus – schon war das doppelte Volumen gegeben. Das Auge konnte dem nicht so schnell folgen, und am Schluß war man wirklich von der Menge überwältigt.

Die Schirmillusion

Hier wich CHEFALO von der herkömmlichen Vorführweise dergestalt ab, daß er sich Zuschauertaschentücher entlieh. Diese wickelte er in ein Paket und steckte sie in einen Kasten mit einer Klappe, der mit einem Band umschnürt wurde. Ein Zuschauer mußte das Ganze halten. Beim Einpacken hatte CHEFALO das Tücherpaket mit einem leeren Päckchen, in dem sich nur Zeitungspapier befand, vertauscht, und dieses kam in den Kasten. Vielleicht hat er einen Tisch mit Falloch benutzt, jedenfalls trug nach dem Einpacken eine Assistentin den Tisch in die Kulissen hinaus. Nun mußte er auf der Bühne etwas Zeit schinden, damit seine Gehilfin hinten die Taschentücher an den Schirmspeichen befestigen konnte. Das ging mit Hilfe des Zuschauerzwischenspiels auf der Bühne. Der Zuschauer sollte den verschnürten Kasten halten, den CHEFALO an einem Bandende ebenfalls festhielt, so wie eine Zündschnur. Dann riß er an der Leine, so daß der arme Mitspieler den Holzkasten fallenlassen mußte. Nach dem Muster »Oh Gott, was haben Sie da gemacht...« guckte CHEFALO hinein – und es waren nur noch Zeitungspapierschnitzel drin.

Manchmal mußte er ein weiteres Zwischenspiel einlegen, damit seine Gehilfen hinter der Bühne mehr Zeit zum Befestigen hatten. Er fragte dann den Mitspieler, der den verschnürten Kasten hielt, nach seiner Lieblingsmusik: »Was möchten Sie hören? Beethooooven? Boogie Woogie?« Und dann gab er dem Kapellmeister noch ein Zeichen und so weiter, bis er wußte, die Sache ist hinten fertig. Mit großem Trara wurde ihm dann der Schirm gebracht, und es folgte die normale Schirmillusion. Allerdings zählte er keine Tücher in den Changierbeutel hinein, sondern zeigte ihn nur leer vor, worauf dann dort der Schirmbezug erschien. Na, und dann hingen am Schirm die Zuschauertücher.

Nachdem die Tücher wieder ins Publikum zurückgegeben worden waren, folgte mit einem zurückbehaltenen Tuch noch das Nachspiel mit der Lochsammlung. Diese Tour habe ich in mein eigenes Repertoire übernommen, und das war einer meiner stärksten Tricks: »Die Sache mit dem Taschentuch«.

Der Kartensteiger

Wie CHEFALO technisch die Karten steigen ließ, vermag ich nicht zu sagen. Wahrscheinlich benutzte er einen Steiger mit Uhrwerk. Er ließ drei Karten wählen und dann steigen. Die erste Karte erschien, während er das Spiel in der Hand hielt, die zweite an der Rampe auf einem Tisch und die dritte in der Hand des Zuschauers. Wichtig war, daß der jeweils mitwirkende Zuschauer immer laut rufen mußte »Karte komm!«. Die Karte stieg dann, und CHEFALO fragte: »War die Herz Zwei Ihre gewählte Karte?« Allerdings schien es bei der dritten Karte nicht zu klappen (er hatte den Arretierungshebel nicht betätigt, so daß sich in der Zuschauerhand nichts tat). CHEFALO tat sehr verwundert und fragte nach dem Kartenwert. »Pik König«, antwortete der Zuschauer. »Na, dann ist alles klar«, sagte CHEFALO, »ein König hört nicht auf ›Karte komm‹. Da müssen Sie schon sagen: »Würden Majestät bitte erscheinen!«« Und auf dieses Kommando erschien tatsächlich die Karte, wobei die Kapelle einen kleinen Klatschmarsch spielte.

Es sah so aus, als ob der Zauberer mit der ganzen Sache nichts zu tun hätte, denn er ging während des Steigevorganges auf die Bühne zurück. Nach dem Zuschauerkommando lenkte er das Publikum ab mit den Worten »Herr Kapellmeister, einen Marsch bitte!« Dann animierte die Kapelle das Publikum zum Mitklatschen, und erst jetzt betätigte CHEFALO den Arretierungshebel, worauf er sich sofort von dem mitwirkenden Zuschauer, meist eine Dame, entfernte. Ein Uhrwerksteiger arbeitet ja gewöhnlich so langsam, daß erst nach etwa zwei Sekunden die Karte sichtbar wird. Nun war CHEFALO schon längst wieder auf der Bühne, so daß er selbst mit dem Steigen offensichtlich nichts zu tun hatte. Besonders hübsch war auch, daß sich der König verneigte. CHEFALO hatte dafür einfach einen zweiten Königskopf mit einem kleinen Leinenband an der Karte befestigt, so daß er nach vorne kippte. Der Hintergrund war mit Deckweiß wegretuschiert. Unten am Hals könnte man Tesafilm nehmen, oben an der Krone einen Faden (Abbildung 1).

Abbildung 1

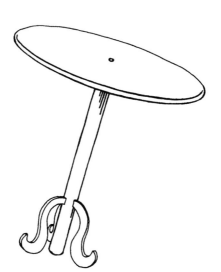

Abbildung 2

Der schwebende Tisch

Dieser Trick war nach meinem Empfinden CHEFALOS Meisterstück. Er zeigte den Tisch – das war ein kleiner Beistelltisch (Abbildung 2) – und seine Handfläche. Dann legte er seine Hand vorsichtig und langsam auf die Tischplatte und hob den Tisch hoch. Dieser klebte an seiner Handfläche. Daraufhin griff er mit der anderen Hand an den Rand der Tischplatte und versetzte mit einem Schwung die Platte in Rotation. Der Tisch klebte weiterhin drehenderweise an seiner Handfläche. Dann setzte er ihn wieder ab, blies darauf und zeigte schließlich Handfläche und Tisch betont langsam vor. Alles war wieder getrennt.

Als nächstes ergriff er eine Tischdecke und bedeckte den Tisch damit. Nachdem er die Hand auf die Tischplatte gelegt hatte, schwebte der Tisch trotz Decke wieder. Und nun kam etwas, was mit der Kapelle phantastisch abgestimmt war. CHEFALO beschrieb mit dem klebenden Tisch einen Halbkreis vor seinem Körper, von rechts oben nach links oben (Abbildung 3). Mehrmals hin und zurück und jedesmal gab es einen Trommelwirbel: Rumms und rumms – man kann sich vorstellen, was das für einen Eindruck machte! Und zum Schluß löste sich in der Aufwärtsbewegung plötzlich der Tisch von der Hand und flog hoch in die Luft. CHEFALO fing den Tisch mit der Rechten auf, riß die Decke nach links und stand da wie eine Eins (Abbildung 4). Die Kapelle unterstrich das mit einem Tusch, und das Publikum tobte.

Er beendete das Ganze mit einem Nachspiel im Publikum. Dazu wurde ein eingeweihter Zuschauer benutzt, eine Möglichkeit, die reisende Truppen gut hatten. CHEFALO legte wieder die Decke auf den Tisch und ließ ihn erneut schweben. Dann ging er ins

Publikum und ließ unter die Decke greifen, um prüfen zu lassen, daß der Tisch auch wirklich fest saß. Und ein besonders eifriger Zuschauer blieb mit seiner Hand am Tischbein kleben. Das war natürlich eine Komödie und wie im Märchen »Schwan kleb an« zog ihn Chefalo auf die Bühne. Scheinbar versuchte der gefangene Zuschauer loszukommen. Ohne Erfolg. Dann erschien auf Chefalos Wink eine Assistentin mit einer großen Säge: »Dann sägen wir einfach den Arm ab...« – der Saal tobte vor Gelächter und Schadenfreude. Schließlich löste der große Meister den Bann durch Draufpusten. Wollte der Zuschauer von der Bühne, setzte Chefalo noch eine Taschendiebstahlsequenz drauf. Das ging ja mit dem eingeweihten Zuschauer besonders gut. Darein verflochten hat er manchmal auch einen echten Diebstahl. Denn die tiefhängende Tischdecke bot einen wundervollen Schutz. Auf den Tischen lag ja so einiges herum, und mit Hilfe der Aufforderung »Fassen Sie mal unter die Decke und sehen Sie, daß der Tisch wirklich festhängt...« waren die jeweiligen Zuschauer so abgelenkt, daß er klauen konnte »wie ein Rabe«.

Der schwebende Tisch
(Chefalo / Cambella)

Ob die folgende Beschreibung beziehungsweise Bauanleitung wirklich die Funktionsweise des Chefaloschen Originals wiedergibt, ist nicht sicher. Vielleicht weiß Maldino, der Berliner Altmeister und Sammler, Genaueres und meldet sich irgendwann zu Wort. Jedenfalls ist es auch Val Andrews in seinem Chefalo-Buch nicht gelungen, den schwebenden Tisch exakt zu rekonstruieren. Aber egal – für den praktischen Zweck eines Nachbaues genügt auch die Anleitung

Abbildung 3

Abbildung 4

von Werner Scharneweber. Er war von diesem Trick seines Idols so begeistert, daß er sich zusammen mit einem befreundeten Tischler daran machte, den schwebenden Tisch nach dem Verfahren »so könnte und müßte er funktionieren« zu bauen.

Der Tisch sieht schwerer aus, als er ist. Er besteht aus einer runden Tischplatte, einer Mittelsäule und drei Beinen (Abbildung 2). Tischplatte und Füße bestanden bei CAMBELLA aus Sperrholz und die Mittelsäule war ein Papprohr. Innerhalb des Papprohres befand sich eine weitere Mittelsäule von der Stärke einer runden Holzleiste (Durchmesser circa 1 cm). Dieser Holzstab war beweglich. Dazu hatten die Tischplatte oben und die Verschlußscheibe des Papprohres unten (das Papprohr war unten mit einer Pappscheibe verschlossen, da es ja wie eine etwas stärkere Holzsäule wirken sollte) jeweils ein Loch. Achtung: der geheime mittlere Holzstab war circa 2 cm *länger* als die Tischhöhe! Stand der Tisch also unschuldig in der Ecke, so ragte der Holzstab zwei cm nach *unten* heraus (Abbildung 5). Oben war die Tischplatte plan. Drückte CAMBELLA jedoch leicht auf die Tischplatte, so kam der Holzstab oben aus der Tischplattenmitte heraus. Man sieht also, daß der Tisch – vor allem die Befestigung der drei geschwungenen Tischbeine – elastisch gebaut sein muß (Abbildung 6). Man könnte auch sagen, daß bei leichtem Druck mit der flachen Hand auf die Tischplatte oben ein kleiner Zapfen heraustritt (das obere Ende des Holzmittelstabes). In diesen Zapfen ist nun eine Hohlkehle eingefräst, das heißt, rings um den Stab läuft eine Einbuchtung (Abbildung 7). Und jetzt benötigt man nur noch einen präparierten Fingerring, um den Tisch schweben zu lassen. In dem Ring befindet sich einfach eine Kerbe (Abbildung 8), mit deren Hilfe sich der Künstler in die ringsum-

Abbildung 5

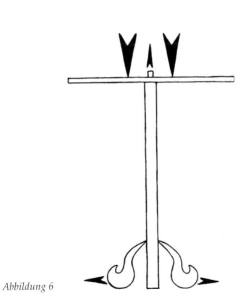

Abbildung 6

laufende Fräsung »einklinkt«: Der Tisch klebt an der flachen Hand (Abbildung 9).

Wer die Konstruktionsanleitung jetzt genau durchdacht hat, könnte einen Einwand haben: Er wird feststellen, daß der Tisch gar nicht schweben kann, sondern der Künstler allenfalls mit seinem Fingerring den Holzstab aus der Mitte herauszieht. Richtig! Ein Detail fehlt noch. Wie wird verhindert, daß die dünne Holzleiste nach unten herausfällt bzw. sich nach oben herausziehen läßt? Wie wird die mittlere Leiste mit dem Papprohr verbunden? Blicken wir auf Abbildung 10. Fest verleimt befindet sich an der Leiste eine Bremsscheibe von circa 2 cm Durchmesser (A in Abbildung 10). Oberhalb und unterhalb sind in das Papprohr Pappscheiben eingeklebt, die in der Mitte ein Loch haben – genauso wie am unteren Ende des Mittelrohres. Auf diese Weise ist der geheime Mittelstab mit dem Tisch verbunden, zugleich aber beweglich eingelagert.

Zur Vorführung gibt es wenig zu sagen. Sie ergibt sich aus den Erinnerungen CAMBELLAS. Nur soviel: Für den Part mit der Decke wird eine gemusterte Decke verwendet, die in der Mitte ein kleines Loch hat. Hier tritt der gefräste Zapfen hervor, und alles läuft genauso wie ohne Decke.

Das verschwindende Tuch

Am günstigsten für dieses Impromptu-Kunststück ist ein 30er Seidentuch. Ob CHEFALO, wie sich Werner Scharneweber zu erinnern glaubte, wirklich ein *Taschentuch* verschwinden ließ, darf bezweifelt werden. Es sei denn, er hätte Riesenhände gehabt. Die Methode ist frech und am sichersten in unmittelbarer Nähe des »Opfers« durchzuführen. Je näher der Zuschauer sitzt, desto besser. Der Zauberer zeigt ein Tuch vor, in dessen Zipfel er vorher einen kleinen Knoten geknüpft hat. Dieser Knoten – beim Schneidermeister Scharneweber war es natürlich eine im Zipfel eingenähte Perle – ist der Ansatzpunkt für das Hineinrollen in die Hand. Außerdem müssen die Handflächen angefeuchtet werden (jeweils kurz anlecken).

Der Magier steht rechts neben dem Zuschauer und streckt seinen linken Arm aus. Der linke Handrücken zeigt zum Zuschauer (Abbildung 11). Der Zipfel mit dem Knoten bzw. der Perle liegt mitten auf der linken Handfläche (Abbildung 12). Wenn jetzt die Rechte kreisförmig zu reiben beginnt, zieht sich das Tuch automatisch zwischen die beiden Handflächen (Abbildung 13). Darin liegt der Reiz des Kunststückes: Das Publikum sieht, wie das Tuch immer mehr zwischen den Händen verschwindet. Ist es ganz weg, palmiert die Rechte es wie einen Ball, während der Magier sich zugleich mit der geschlossenen Linken zum Mitspieler wendet (Abbildung 14) und sagt: »Bitte pusten Sie mal!« Dann öffnet er die linke Hand und das Tuch ist verschwunden.

Freilich darf man dem Publikum jetzt nicht allzuviel Zeit zum Überlegen geben, denn das Changement ist doch recht offensichtlich. Also sofort mit der das Tuch palmierenden rechten Hand in die Jacke des Zuschauers greifen und scheinbar das Tuch aus der inneren Jackettasche wieder hervorholen.

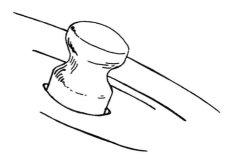

Abbildung 7

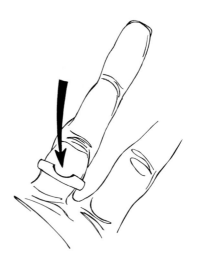

Abbildung 8

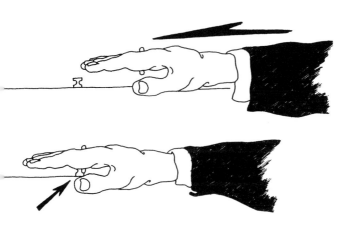

Abbildung 9

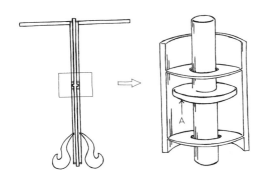

Abbildung 10

Abbildung 11

Abbildung 12

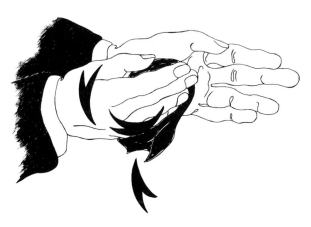

Abbildung 13

Abbildung 14

WILHELM GUBISCH

Im Unterschied zu CHEFALO, der seinen festen Platz in der Geschichte der Zauberkunst hat, ist WILHELM GUBISCH in Vergessenheit geraten. Nur in einigen Ausgaben der »Magischen Welt« und des »Magischen Magazins« aus den frühen fünfziger Jahren wird GUBISCH genannt – als »Erklärer«.

GUBISCH hielt Aufklärungsvorträge über Spiritismus und reiste im Auftrag der Nationalsozialisten. Das Ganze war als abendfüllende Veranstaltung gedacht und befriedigte auch das Bedürfnis nach Unterhaltung. Im ersten Teil des Abends führte GUBISCH »Experimente« durch, die er im zweiten Teil erklärte.

GUBISCHS Programm zeigt, daß Mentalisten mit einem ganz kleinen Repertoire abendfüllend arbeiten können, denn die jeweiligen Experimente erfordern durch die Beteiligung meist mehrerer Zuschauer viel Zeit. So wie HANUSSEN II einen ganzen Abend mit vier Tricks füllt (Psychometrie, Zettellesen, Muskellesen, scheinbare Heilung von Schmerzen durch Suggestion), so brachte auch GUBISCH nur sein »Hellsehen« (eine einfache Variante des Frage-und-Antwort-Aktes), das »Fernelektrisieren auf telepathischem Wege« (einschließlich des geheimnisvollen Kastens) und das Muskellesen.

Wahrscheinlich verdankt sich GUBISCHS Vortragsreise dem Krieg. Denn wie Werner Scharneweber sich erinnerte, fanden die Vorträge in den ersten Kriegsjahren statt, und GUBISCH bezog sich ausdrücklich auf Hellsehpraktiken, die dazu dienen sollten, etwas über den Verbleib eines Ehemannes oder Sohnes im Felde auszusagen. Die Todesgefahr an den Fronten und die Angst um ihre Männer brachte viele Frauen dazu, sich bei Kartenlegern und

Wahrsagern Rat zu holen, eine Haltung, die mit offiziell erwünschter, unbedingter Siegeszuversicht wenig gemein hatte. Jedenfalls konnte sich GUBISCH eines regen Zulaufs sicher sein, und der Saal war, wie Werner Scharneweber sagte, »gerammelt voll«. Für ihn selbst spielte freilich der »volkserzieherische« Anspruch der Veranstaltung keine Rolle. Für ihn handelte es sich einfach um eine Zaubervorstellung.

GUBISCH betrat die Bühne mit einem großen Ordner in der Hand, den er zunächst nach vorne an die Rampe legte. Zu diesem Zeitpunkt wußte niemand, was es mit dem Ordner auf sich hatte, und auch GUBISCH ging mit keinem Wort darauf ein. Der Ordner spielte im Aufklärungs-Teil eine wichtige Rolle.

Als erstes ließ sich GUBISCH Daten zurufen, Daten von wichtigen Ereignissen aus dem Leben der Zuschauer, und er erzählte genau, was an den Tagen geschehen war.

Dann bat er, um seine Kräfte zu beweisen, mehrere Personen auf die Bühne. Er ließ die Versuchspersonen einen »magischen« Ring schließen, indem sie ihre Handflächen auf die Handfläche der Nachbarn legten. Die Menschen stellten sich also im Kreis auf. Und nun würde er seine magischen Kräfte fühlbar machen: »Bei *eins* werden Sie ein ganz schwaches Kribbeln spüren, bei *zwei* wird sich dieser Effekt verstärken, und bei *drei* wird ein unheimliches Kribbeln in Ihre Hände übergleiten!« Bei jeder Zahl hob er seine Hände beschwörend etwas höher. Schließlich »schaltete er wieder auf Null« und sagte: »Nun werden Sie nichts mehr spüren!« – Dann fragte er die Leute, wer wenig gespürt hatte, und wer es stark gespürt hatte. Er wollte natürlich zeigen, und das erklärte er auch im zweiten Teil, wie sich Menschen von ihren eigenen Einbildungen beeinflussen lassen. Wer nicht an Spiritismus glaubt, der merkt überhaupt nichts; wer aber empfänglich ist, wird hinterher bestätigen: »Es war ganz deutlich zu spüren!«

Mit derselben Zuschauergruppe führte GUBISCH sein Kastenexperiment durch. Er zeigte einen Kasten, auf dem Röhren und ein Drehkondensator mit Zahlen, sowie einige Drähte montiert waren. Wieder mußten sich die Leute im Kreis aufstellen und die Handflächen gegeneinander legen, dann schaltete er den Kasten ein, der angeblich magnetische Strahlen aussandte. Auch jetzt hatten wieder einige nahezu keine Impulse verspürt, andere aber deutliche oder sogar sehr starke. Schließlich folgte »Die Nadel im Heuhaufen«, also das Muskellesen.

Nach der Pause begann GUBISCH seinen Erklärungsteil. Dazu holte er sich den Aktenordner und sagte: »Alle Antworten, die ich Ihnen gegeben habe, alles, was ich angeblich hellgesehen habe, das ist hier wortwörtlich in dem Ordner drin.« Und dann gab er einige Beispiele: »Wenn mir einer *4.00 Uhr morgens, 13. Januar 1903* zuruft, gibt es eigentlich nur zwei Möglichkeiten. Es ist eingebrochen worden, oder es wurde ein Kind geboren.« Bestimmte Daten, die GUBISCH unangenehm waren, überhörte er einfach, ebenso wie wir Zauberer. Wenn wir uns eine Zahl zurufen lassen, dann ist es auch ein leichtes, zum Beispiel die »7« herauszuhören. Im übrigen ging er vor wie ein Wahrsager. Am Mienenspiel sah er, wenn er auf der richtigen Fährte war: »Da sehe ich, da sehe ich...eine große Reise...« Wenn die Mundwinkel nach unten gingen, wußte er, daß es keine große Reise war.

Alle Hellseher arbeiten ja nach diesem Muster. Wenn zum Beispiel eine Frau zum Wahrsager kommt und fragt »Ist mein Mann mir treu?«, dann weiß der Prophet genau, worum es geht und kann darauf aufbauen, zum Beispiel mit einer »Blonden« oder einer »Schwarzen« nach Versuchsballonmanier. Am Aufleuchten des Gesichtes sieht er dann, ob er erfolgreich ist.

Genauso arbeitete GUBISCH. Außerdem hatte er einen Strohmann im Publikum. Der gab ihm die Möglichkeit zu einer ganz phantastischen »Hellseherei«: Ein Mann liegt im tiefen Schlaf und GUBISCH beschreibt ganz genau die Zimmereinrichtung. Dann »hört« der Hellseher das Telefon läuten. Und er »sieht«, wie der Mann aufspringt und ans Fenster läuft..., und in der Ferne am Horizont ist der Feuerschein sichtbar, die Feuerwehr ist zu hören... – Ein guter Schauspieler muß man natürlich sein, um atemlose Spannung aufzubauen. Und als der Mann von der Truppe dann rief: »Stimmt genau. Woher können Sie das wissen?«, brandete der Beifall auf. GUBISCH war in seiner Vorführung so überzeugend gewesen, daß die meisten Menschen ihm seinen Aufklärungsteil nicht abnahmen. So auch CAMBELLA: »Damals war ich noch blutiger Anfänger, und ich habe gedacht, daß er uns nur nicht sagen will, wie er es wirklich macht und uns die Geschichte mit dem eingeweihten Zuschauer vortäuscht. Obwohl GUBISCH des öfteren während der Vorstellung erklärte, er könne nichts über den Verbleib von Männern, Söhnen oder Brüdern im Felde sagen, stand nach Veranstaltungsschluß eine ganze Menge Frauen vor dem Bühneneingang und wollte eine Privatberatung.«

Die Erklärung des »Impulskastens« war allerdings so stark, daß niemand mehr magische Kräfte in diesen Trickkasten hineinprojizieren konnte. GUBISCH machte zunächst deutlich, daß die Stärke des Handkribbelns tatsächlich auf Autosuggestion, also Einbildung, beruht. Dann nahm er den Kasten und zeigte, daß es sich um einen leeren Schuhkarton handelte, auf den ein paar Radioteile mit einigen

Stiften lose aufgesetzt waren. Zum Beweis zerriß er schließlich den Schuhkarton. Die beiden Experimente mit dem menschlichen Kreis und dem Kribbeln in der Hand dienten ihm im Übrigen dazu, sich sensible Versuchspersonen für das Muskellesen auszusuchen.

Bei eigentlich allen »Hellsehern« spielt das »Muskellesen« im Programm die wichtige Rolle, ihre Glaubwürdigkeit zu untermauern. Das Experiment wird manchmal in der Literatur auch »Die Nadel im Heuhaufen« genannt. Dabei wird ein kleiner Gegenstand (zum Beispiel eine Nadel) irgendwo im Raum versteckt (in der Tasche eines Zuschauers, unter einem Stuhl oder ähnliches), während der »Hellseher«, begleitet von Kontrollpersonen, den Raum verlassen hat. Er muß nun den versteckten Gegenstand finden. Dazu bedient er sich eines »Mediums«, welches das Versteck kennt. Dieses »Medium« ist keineswegs ein eingeweihter Zuschauer, sondern eine beliebige Person aus dem Publikum.

Gewöhnlich muß das »Medium« das Handgelenk des »Hellsehers« umfassen und »ganz scharf an den Gegenstand denken«. Durch diese Konzentration auf den Gegenstand (beispielsweise auf das Versteck) lenkt das »Medium« unbewußt den »Hellseher« zu der richtigen Stelle.

Als Muskelleser war GUBISCH ein großer Könner. Er verzichtete auf den Handkontakt, wendete allerdings auch Hilfsmittel an, die in der geläufigen Literatur nicht aufgedeckt werden. In einem großen Publikum, so GUBISCH in seinem Erklärungsteil, gibt es immer Menschen, die nicht mehr genau wissen, wo die Nadel ist. Die stoßen dann ihren Nachbarn an und fragen, wer denn nun die Nadel hat. Auf solche Symptome achtet er, wenn zum Beispiel im Publikum jemand seinem Nachbarn die Richtung oder gar die Person durch eine verstohlene Geste anzeigt. Und wer am gelangweiltesten guckt, der ist wahrscheinlich der richtige Mann. Alle anderen schauen ja interessiert, ob er die Nadel findet.

Das unzerstörbare Seil

Meiner Meinung nach handelt es sich um eine der besten, wenn nicht sogar um *die* beste Seilzerschneideroutine überhaupt. Allerdings nicht zu jeder Gelegenheit: Sie ist nicht geeignet für stumme Präsentation und benötigt etwas Abstand zum Publikum, ist also im Close up-Bereich kaum einsetzbar. Auf einer großen Bühne mit Reihenbestuhlung im Publikum stellen sich ebenfalls Probleme ein (siehe unten). Aber im Cabaret oder im Tanzsaal ist sie ein Knüller.

Warum? Nun, in der Routine wird ein Seil immer und immer wieder zerschnitten und wiederhergestellt, insgesamt fünf Mal, so daß bei den Zuschauern der Eindruck echter Zauberei entsteht. Alle bekannten Lösungsmöglichkeiten fallen selbst für magisch Halbgebildete, die schon einmal etwas vom einfachen Seilzerschneiden gehört haben, fort, denn daß man ein Seil immer und immer wieder zerschneiden kann... Und zudem handelt es sich um ein offensichtlich unpräpariertes Seil, denn es befindet sich im Laufe der Tour des öfteren in Zuschauerhänden und wird geprüft!

Damit das Ganze nicht langweilig wird, muß man natürlich die Zerschneide- und Wiederherstellungsmethode ständig wechseln, und genau dies garantiert die Unlösbarkeit des Tricks. Wir wissen, daß unser Publikum dazu neigt, nach *einer* Methode als Trickerklärung zu suchen und deshalb bei Methodenvariation leicht zu verwirren ist. Das Ringspiel lebt zum Beispiel von diesem Verfahren. In ähnlicher Weise wird beim »unzerstörbaren Seil« das Trickprinzip ständig gewechselt, es handelt sich quasi um ein Potpourri von Seilzerschneidetricks.

Sie ahnen schon, welches Präsentationsproblem entsteht: Für die Zuschauer müssen die Wiederholungen unterhaltsam und abwechslungsreich gestaltet werden. Die Gefahr der Langeweile wird in unserer Routine optimal durch den Vortrag und die Rhythmik (einmal eine betont langsame Version, dann eine Tempoversion, und so fort), durch Gags, durch Zuschauerbeteiligung, durch Scheinerklärung und durch Bewegung des Vorführenden aufgefangen. Daraus erklärt sich die einschränkende Bemerkung, für den reinen Bühnenzauberer sei das Ganze weniger geeignet, denn er muß sich Mitspieler auf die Bühne holen und kann später weniger raumnutzend agieren. Zudem wirkt das Hin- und Herlaufen auf der Bühne eher hektisch, während es sich bei Umringtarbeit im Saal von selbst ergibt, möglichst viele Zuschauer zu beteiligen.

Wenn wir uns noch einmal in Erinnerung rufen, daß unser Seil fünf Mal zerstört und mit Gags und Sprüchen wieder hergestellt wird, so erscheint ein weiterer Vorzug der Routine offensichtlich: Sie ist ein guter »time-killer«. »Das unzerstörbare Seil«, das Ringspiel und der Würfelkasten – damit haben Sie eine komplette Nummer, die umringt und zu allen Gelegenheiten vorführbar ist.

Zubehör: - 1 präparierter Seilring
                        - 1 präpariertes Steckerseil
                        - 1 Schere.

Präparation der Seile: Wir kommen hier zum einzigen Schwachpunkt des »unzerstörbaren Seiles«. Für jede Vorstellung muß eine Präparation von circa zehn Minuten einkalkuliert werden. Und das macht die Routine für den praktizierenden Profi ein wenig aufwendig. Er sucht ja immer Kunststücke, die ohne lange Vorbereitungszeit, gleichsam aus der Aktentasche heraus, vorzuführen sind. Damit wird der Trick aber zu einem Paradestück für den praktizierenden Amateur. GENE ANDERSON hat in seinen Seminaren und Büchern immer wieder auf den Vorteil hingewiesen, den jeder Amateur hat: Im Unterschied zum Vollprofi, der von Veranstaltung zu Veranstaltung hetzt und zu seinen Geräten ein ökonomisches, man könnte fast sagen »cooles« Verhältnis entwickeln muß, kann ein Liebhaberzauberkünstler aufwendigere Präparationen in Kauf nehmen. In einer Hinsicht ist er dem Profi sogar überlegen: Er kann Effekte bringen, die einem Berufler aus Zeitgründen verschlossen bleiben. Und ANDERSON rät Amateuren geradezu zu derartigen vorbereitungsintensiven Tricks, deren Geheimnisgehalt und Raffinesse den Standardeffekten eines Berufszauberers meist überlegen sind.

Für den im ersten Teil der Routine verwendeten *präparierten Seilring* benötigen wir zunächst 3 m Seil. Die genaue Länge hängt von Ihrer Körpergröße ab: Halten Sie ein doppelt genommenes Seil in Brusthöhe. Die Seilenden befinden sich in Ihrer Hand und die Seilmitte knapp über dem Fußboden. Es kommt nur darauf an, daß bei Haltung in Brusthöhe die Mitte des Ringes nicht auf dem Fußboden schleift.

Verkleben Sie dann die beiden Enden, so daß Sie einen endlosen Ring erhalten. Das ist leichter geschrieben als getan, und wenn Sie schon einmal versucht haben, Seilstücke zu verkleben, kennen Sie

70

den Ärger. Der Klebstoff klebt an den Fingern und setzt sich beim Zusammendrücken der Klebestelle außen ans Seil. So wird sie unangenehm schmuddelig. Oder man hat, um Klebstoffflecken auf dem Wohnzimmertisch zu vermeiden, eine Zeitung untergelegt, schon übertragen die Finger die Druckerschwärze an die Klebestelle. Man kann natürlich, dies als kleiner Tip nebenbei, ein Stück Kreide im Notgepäck mit sich führen und so den ärgsten Schmutz am Seil beseitigen. Aber besser ist eine Seilverklebemethode, die sauber und bombenfest wirkt, und bei der die Klebestelle nicht aussieht, als hätte das Seil ein Geschwür.

Besorgen Sie sich zu diesem Zweck Pfeifenreiniger, Klebstoff (Gummimilch oder auswaschbarer Alleskleber, besser noch Seilfestiger vom Händler) und eine *scharfe* Schere. Statt der Schere können Sie auch eine Rasierklinge oder ein sehr scharfes Messer nehmen. (Man kann sich vorstellen, daß es bei Schneidermeister Werner Scharneweber nie Probleme gab, eine scharfe Schere aufzutreiben.) Zuerst werden die Enden, die miteinander verklebt werden sollen, mit Klebstoff gefestigt. Dazu tauchen Sie die Enden in den Klebstoff beziehungsweise tränken mit ihm die Seilenden und lassen das Ganze trocknen. Dann schneidet man die harten, gefestigten Enden plan. Es müssen zwei glatte Flächen entstehen. Diese Flächen werden nun mit Hilfe eines Pfeifenreinigerstückes miteinander verbunden. Das Überbrückungsstück ist ungefähr 6 cm lang. Schneiden Sie sich einfach ein solches Stückchen von einem weißen Pfeifenreiniger ab, bestreichen Sie die Hälfte (3 cm) mit Alleskleber, und schieben Sie es zur Hälfte in das eine Seilende. Anschließend wird das Ganze mit der anderen Seite wiederholt. Das Ergebnis wird Ihnen gefallen. Obgleich im Grunde die Seilenden selbst nicht direkt verklebt wurden, sondern nur von dem überbrükkenden Pfeifenreinigerteil gehalten werden, ist die Klebestelle bombenfest. Der Wulst beim herkömmlichen Kleben entfällt, und Sie haben keinen Klebstoff an den Fingern. Das Seil ist sauber geblieben.

Allerdings ist der jetzt entstandene endlose große Seilring noch nicht fertig. Er bekommt noch einen kleinen Ring, der nach dem eben beschriebenen Verfahren aus circa 20 cm Seil hergestellt wird, und einen Scheinknoten (Abbildung 15).

Dieser Scheinknoten befindet sich gegenüber der Verbindungsstelle des großen Ringes. Sie können natürlich einfach ein 15 cm langes Stück auf den großen Ring aufknoten, es empfiehlt sich jedoch ein besonderer Scheinknoten (Abbildung 16). Das Extrastück wird dabei von einer Schlaufe des großen Seilringes festgehalten.

Worin liegt der Vorteil? Im Laufe der Routine wird, wie beim klassischen Seilzerschneiden, der Knoten »getrimmt«, das heißt, lauter kleine Stückchen abgeschnitten, bis er nicht mehr vorhanden ist. Damit erspart man sich das heimliche Abziehen des Scheinknotens. Beim von uns verwendeten Scheinknoten braucht man nur rechts und links kleine Stückchen «abzuschnippeln«, ohne große Aufmerksamkeit auf den Schneidevorgang legen zu müssen. Das letzte kleine Stückchen wird dann einfach mit den Spitzen der Schere aus der Schlaufe herausgezogen. Der Vorzug ist offensichtlich: Bei einem Scheinknoten, der sich im Extrastück selbst befindet, also bei einem traditionellen Scheinknoten, wird das Abschneiden von Einzelstücken oft »wurstelig«, und man muß ständig aufpassen, daß man nicht aus Versehen das richtige Seil zerschneidet. Durch unsere Methode können Sie sorgloser mit dem Seil umgehen und Ihre ganze Aufmerksamkeit der Präsentation widmen.

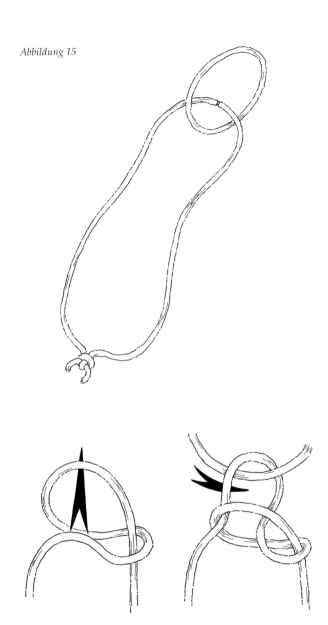

Abbildung 15

Abbildung 16

Oder Sie können schneiden, ohne hinzusehen und dabei Ihre Blicke unter den Zuschauern wandern lassen. Der Blickkontakt reißt nicht ab.

Für den zweiten Teil der Routine müssen wir nun das *präparierte Steckerseil* anfertigen. Eine Steckverbindung ist ja ein bekanntes Prinzip für Seiltricks. Eng verwandt damit sind Magnet- und Schraubverbindung, beide sind aber für unsere Routine nicht brauchbar. Bei der Schraubverbindung dauert die Vereinigung der beiden Seilteile zu lange und muß sehr gut durch Ablenkung kaschiert werden. Bei Magneten besteht die Gefahr, daß sich bei zu leichtfertiger Handhabung die beiden Magnete vorschnell und ungewollt schließen. Also greifen wir zum »Stecker«. Manchmal sind bei Händlern tatsächlich solche Steckverbindungen im Angebot. Aber bevor Sie mühevoll in Katalogen stöbern, wer gerade so etwas verkauft, verrate ich Ihnen die Selbstbauvariante von Werner Scharneweber: Besorgen Sie sich aus einem Spielwarengeschäft Stecker und Buchsen für Puppenstuben. Entfernen Sie die Umhüllung, und kleben Sie jeweils einen Stecker und eine Buchse in ein circa 60 cm langes Seil, rechts und links in die Enden. Wenn alles trocken ist, probieren Sie die Steckverbindung gleich einmal aus, und stellen Sie aus dem Seilstück einen Ring her. Nicht wahr, es funktioniert! Und das verräterische blanke Metall der Steckverbindung wird einfach mit einer Schreibmaschinenkorrekturflüssigkeit geweißt.

Damit sind die Präparationen fertig. Wappnen Sie sich mit einer großen Schneiderschere.

Vorführung: Wenn Sie nicht umringt arbeiten und Rückendeckung haben, legen Sie den präparierten Seilring über eine Stuhllehne. Der Scheinknoten ist für das Publikum sichtbar, der kleine Seilring wird durch die Stuhllehne verborgen. Das Steckerseil liegt auf der Sitzfläche. Bei Umringtarbeit deponieren Sie das Steckerseil und den präparierten Seilring in einem orientalisch dekorierten Kästchen, einem Holzkorb oder einer Tasche. Es muß nur gewährleistet sein, daß Sie beim Herausnehmen den präparierten Seilring ohne Fummeln so ergreifen, daß Ihre linke Hand die Verbindungsstelle der beiden miteinander verketteten Ringe verdeckt. Zum besseren Verständnis wollen wir den kleinen Ring »Schlaufe« nennen. Für die Zuschauer haben Sie schlicht einen großen Seilring aufgenommen, dessen Enden unten verknotet sind.

Falls Sie große Hände haben, empfiehlt sich folgende Variante: Sie nehmen den großen Seilring so auf, daß die Schlaufe ganz in der linken Hand verborgen ist. Jetzt können Sie das Seil bis zum Knoten durch die geschlossene linke Hand ziehen und wieder zurück, um zu demonstrieren, daß es sich um einen einwandfreien großen Seilring handelt. Dann ziehen Sie nach dem demonstrativen Vorzeigen einfach ein Stückchen der Schlaufe nach oben aus der Linken, wobei die Zuschauer glauben, die Mitte des großen Seilringes zu sehen.

1. Zerschneiden: »Dieses Seil habe ich von einem alten Inder verehrt bekommen, dem ich einst das Leben gerettet habe.« – Werner Scharneweber hat diese Routine seit den dreißiger Jahren vorgeführt, und damals waren geheimnisvolle und abenteuerliche Erzählungen aus fernen Ländern ja noch gang und gäbe. Heute ist freilich die Welt näher aneinander gerückt und auch eine Ideologie zur Verbrämung des kolonialistischen Großmachtstrebens durch den überlegenen weißen Mann, wie sie uns im Jugendbuchtypus Karl May – Graf Luckner begegnete, glücklicherweise nicht mehr im Schwange. So werden Sie sich kaum glaubhaft als abenteuernder Weltreisender präsentieren können, der einem Inder das Leben gerettet hat. Aber vielleicht haben Sie ja als Tourist auf Ihrer letzten Indienreise in Kalkutta diesen Seilring als wunderkräftiges indisches Seil für viel Geld angedreht bekommen: »Und dieser Inder sagte zu mir: Sooft Sie das Seil zerschneiden, etwas Salz auf die Enden streuen und die denkwürdigen Worte *Malahai-Malahai* sprechen, werden Sie sehen, daß das Seil wieder zusammengewachsen ist.«

Mit diesen Worten zerschneiden Sie die Schlaufe und lassen die beiden Enden aus Ihrer geschlossenen linken Faust heraushängen (Abbildung 17). Legen Sie die Schere ab, und ergreifen Sie den Salzstreuer, um etwas Salz auf die beiden Enden zu streuen. Machen Sie dann aber gar nichts, sondern setzen Sie mit der rechten Hand den Salzstreuer ab, und ergreifen Sie sofort wieder die Schere. Schauen Sie die Zuschauer an, als hätten Sie in Ihrer Erzählung etwas vergessen, und fahren Sie fort: »Oh Effendi«, sagte der Inder, »wenn Sie ein Stückchen von dem Seil abschneiden, haben Sie einen Glücksbringer.« Dabei schneiden Sie circa ein Drittel der Schlaufe ab und halten es mit der Schere wie mit einer Pinzette, um das Stückchen einem Zuschauer zu überreichen: »Hier ist das Glück für Sie. Stecken Sie das Seilstück ins Portemonnaie, dann haben Sie immer etwas drin.«

Schneiden Sie wieder ein Stückchen ab, und halten Sie es hoch: »Wer das zweite Stückchen bekommt, wird demnächst einen Lottogewinn haben. Wer will es?« Seien Sie versichert, daß sich jemand melden wird, dem Sie das Stück schenken können. »Und das dritte Stück ist immer speziell nur für eine Dame bestimmt.« Suchen Sie sich eine schon etwas ältere Dame aus, und treten Sie mit feierlicher Miene vor sie

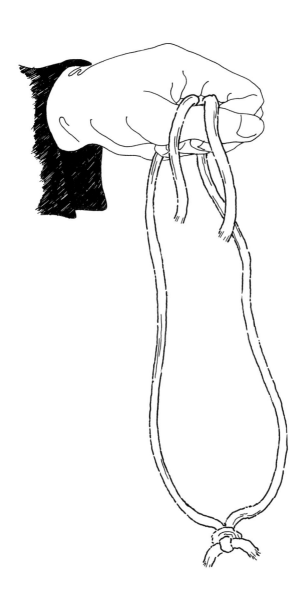

Abbildung 17

hin: »Darf ich es Ihnen überreichen, gnädige Frau?«
Halten Sie es ihr bei dieser Frage hin, aber bevor sie es
erfassen kann, ziehen Sie Ihre Hand etwas zurück
und fragen: »Wollen Sie es wirklich?« Sie wird beja-
hen, und während Sie das Stück überreichen, verkün-
digen Sie mit ernster Miene: »Und Sie werden im
nächsten Jahr Zwillinge erwarten.«

Nachdem sich das Gelächter gelegt hat, und Sie
währenddessen auf Ihren Präsentationsplatz zurück-
gegangen sind, richten Sie alle Aufmerksamkeit auf
das Seil: »Zurück zu meinem indischen Zauberseil.
Lassen Sie uns jetzt einmal probieren, was der alte
Inder gesagt hat. Ich spreche die Zauberworte *Malahai-
Malahai ...*« lassen Sie eine kurze Spannungssekunde
verstreichen, » – *und* der magische Kreis ist wiederhergestellt!« Diese letzten Worte sprechen Sie erleichtert und triumphierend, fast marktschreierisch. Es
handelt sich natürlich um sprachliches Unterstreichen des Effektes als eine Art Applausziehergeste. Sie
können sich eine solche Pointierung deswegen erlau-
ben, weil es sich nach der Story ja eher um ein Experiment handelt. Sie selbst sind sich nicht ganz sicher,
ob das, was Ihnen der alte Inder da erzählt hat, auch
wirklich funktioniert, sind mithin selbst gespannt
und freuen sich mit Ihren Zuschauern, daß Ihnen das
Experiment gelungen ist: »Nichts in meinen Ärmeln,
nichts in meinen Händen – nur ein einfaches indisches Seil.«

Sie bemerken, wie bei diesem Trick gegen eine
Grundregel der Zauberkunst verstoßen wird. Gewöhnlich sind derartige Kommentare verpönt, da sie
ja bei den Zuschauern erst Verdacht erwecken beispielsweise ihnen durch Ausschließen bestimmter
Lösungswege den richtigen Weg näherbringen, vor
allem aber, da das Kunststück eher zu einem Wett-
kampf zwischen Magier und Publikum wird.

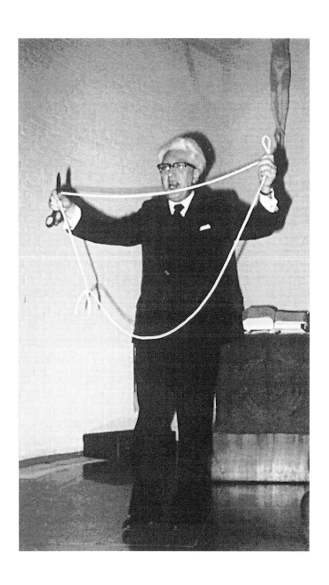

CAMBELLA *und »Das unzerstörbare Seil«*

Keine Regel ohne Ausnahme. In diesem Fall beruht der Witz des Tricks genau in der Wettkampf-situation. Wir wollen die Zuschauer in die Lage versetzen zu denken:»Er zerschneidet das Seil immer und immer wieder und macht es jedesmal wieder ganz. Und man kommt ihm nicht auf die Schliche.« Die Spielregel lautet also:»Ich zeige es Ihnen noch einmal. Versuchen Sie das Geheimnis zu entdecken!« Sie können an dieser Stelle auch einen Zuschauer am Seil ziehen lassen, wobei Sie nur darauf achten müssen, daß er nicht die Klebestelle auseinanderziehen kann.

2. *Zerschneiden:* »Viele Menschen glauben«, so fahren Sie fort, »es liege am Schneiden. Einem Zauberer traut man ja nie über den Weg. Deshalb möchte ich jetzt jemanden aus Ihrer Mitte das Seil selbst zerschneiden lassen.« Gehen Sie auf einen Zuschauer zu, und reichen Sie ihm die Schere:»Bitte schneiden Sie irgendwo durch!« Dieses »irgendwo« ist etwas frech, weil Sie ihm den Seilring so hinhalten, daß sich die Klebestelle in der einen Hand verborgen befindet und zwischen den beiden haltenden Händen ein Seilstück von maximal 10 cm zu sehen ist. Wenn Sie ihm das kurze Seilstück zum Zerschneiden entgegenstrecken, wird er hier den Schnitt machen.

Natürlich könnte der Zuschauer das Seil irgendwo zerteilen. Das wäre tricktechnisch möglich. *Aber:* Zum einen wirkt es optisch unschön, wenn der Knoten nach dem Zerschneiden sich nicht ungefähr in der Mitte befindet, und zum anderen werden Sie durch das Zerschneiden direkt neben der Klebestelle dieselbe bei der nächsten Tour los.

Der Scheinknoten ist also unten. Bedanken Sie sich beim Zuschauer, und gehen Sie zurück zum

Auftrittsstandort (beim Stuhl), wobei Sie das Seil mit breit ausgestreckten Armen vorzeigen: Ein zerschnittenes Seil, in dessen Mitte ein Knoten zu sehen ist (der Scheinknoten). Bitte führen Sie die Beteiligung des Zuschauers nebensächlich durch. Gehen Sie zu ihm hin, aber holen Sie ihn keinesfalls nach vorne. Auf solche Weise erhält diese Kunststücksphase nicht den Charakter eines Spieles mit dem Zuschauer. Das passiert nämlich erst ganz zum Schluß, als Höhepunkt der Routine und muß sich theatralisch gut von der jetzigen Phase absetzen.

Knoten Sie nun das Seil wieder zu einem Ring zusammen. »Ich weise Sie darauf hin, daß sich in meinen Händen zwei Knoten befinden.« Dabei nehmen Sie beide Knoten in die linke Hand. Den einen halten Sie mit Daumen und Zeigefinger und den anderen mit Zeige- und Mittelfinger. Zeigen Sie beide Knoten demonstrativ vor, und lassen Sie einfach den echten Knoten fallen. Diese Demonstration diente zum Austausch der Knoten. »Ja, die Glücksbringer. Fangen Sie auf! Ich werfe Ihnen das Glück zu. – Sie bekommen eine gute Schwiegermutter. – Mit diesem Stück sind Sie gefeit gegen Sommersprossen...« Je absurder die Glücksversprechungen sind, desto besser! Sie bringen also wieder durch scheibchenweises Abschneiden den Scheinknoten zum Verschwinden und schleudern die Knotenstückchen einfach mit Hilfe der Schere ins Publikum. »Ich spreche die Zauberworte *Malahai-Malahai* – und der magische Ring hat sich wieder geschlossen.«

Nachdem sich der Applaus gelegt hat, öffnen Sie den Knoten mit den Worten: »Nun werden Sie denken, wer weiß, was er da hat! Da sind bestimmt Magnete oder Klebstoff im Seil eingebaut, oder das ist kein gewöhnliches Seil, sondern aus neuartigem Material, oder da sind Schrauben dran.«

Diese Bemerkung ist eine große Frechheit, weil Sie das Geheimnis ja teilweise preisgeben – nur als nächstes folgt die klassische Zerschneidetour, und die zeichnet sich ja durch völlige Unpräpariertheit aus. KALANAG hat diese Art der Irreführung in seiner »Wunderbar« auch angewendet. Er sagte: »Nun, Sie werden sagen, der KALANAG hat Pulver in den Gläsern drin oder es fallen heimlich Tabletten rein. Oder er hat einen Schlauch im Ärmel. Ich komme deshalb jetzt einmal zu Ihnen.« Und dann ging er ins Publikum, um den Gegenbeweis anzutreten. Frecher geht es eigentlich nicht mehr. Denn seine »Wunderbar« ist ja tatsächlich auf Chemie, das heißt auf Pülverchen und Essenzen, aufgebaut gewesen. Dieselbe Ablenkung wenden wir beim Seilzerschneiden an. Die Zuschauer erhalten einen Wust von verschiedenen Vermutungen vorgeführt, darunter auch Erklärungen. Zugleich gehen wir ins Publikum, um mit einer harmlosen Methode den Gegenbeweis anzutreten.

3. *Zerschneiden:* Während Ihrer kurzen Erklärungsrede haben Sie sich eine Dame ausgesucht, mit der Sie jetzt weiterarbeiten wollen. Sie lotsen sie »auf die Bühne«, das heißt auf Ihren Präsentationsstandort (wo sich der Zaubertisch beziehungsweise Stuhl befindet), und sie bleibt dort bis zum Schluß der Routine. Da sie während der folgenden Trickhandlungen auch kurz präparierte Gegenstände in die Hand gedrückt bekommt, also gleichsam ihre Assistentin wird, müssen Sie sorgfältig auswählen.

Werfen Sie ihr ein Seilende zu. Das andere, und zwar das mit der Klebestelle, halten Sie. »Bitte fangen Sie mal auf, meine Dame! Gut festhalten! Und wickeln Sie das Seilende ein-, zweimal um Ihre Hand. Wir ziehen jetzt nämlich mal, um zu zeigen, daß da nichts zusammengeklebt, genäht oder gesteckt ist, sondern daß das Seil wirklich zusammengewachsen ist.« Und dann folgt das bekannte »Lotsenspiel«: »Damit das alle genau sehen können, halten Sie bitte den Arm ganz hoch... Stehen Sie am besten auf... Treten Sie ein paar Schritte vor!« Und nun ziehen Sie die Dame einfach zu Ihrem Zaubertisch hin: »Darf ich vorstellen, meine Damen und Herren: meine Assistentin Fatima!«

Lassen Sie den Applaus abklingen, während Sie ihr das gesamte Seil in die Hand gedrückt haben. Haben Sie keine Angst, daß sie dabei die kleine Klebepräparation an dem einen Ende entdeckt. Sie ist nämlich von der Gesamtsituation viel zu sehr in Anspruch genommen. Wenn Sie ihr das Seil als Knäuel in beide Hände gegeben haben und zusätzlich noch sagen: »Bitte verbeugen Sie sich; Sie erhalten jetzt einen Riesenapplaus«, hat sie überhaupt keine Gelegenheit, auf das Seil zu blicken. Währenddessen haben Sie die Schere aufgenommen, die Sie ihr überreichen und zugleich das Seil wieder wegnehmen: »Meine Dame, Sie können bestätigen, daß es sich um ein gewöhnliches Seil handelt. Bitte prüfen Sie jetzt ebenfalls die Schere!« Bei genügendem Tempo ist alles problemlos. Denn Sie haben das Mikrofon und damit die Situation voll in der Hand. Egal, was die Dame sagt (wenn sie überhaupt etwas sagt), Sie sprechen einfach *für* die Dame. Dabei hat das Publikum den Eindruck, als würden Sie nur die leise gesprochenen Kommentare Ihrer Assistentin laut für das Auditorium über das Mikrofon wiedergeben. Wenn Sie sich nur eine einigermaßen »normale« Zuschauerin nach vorne geholt haben, ist sie so eingeschüchtert, daß sie Ihnen willenlos folgen wird. Und sollte sie die Klebestelle zufällig entdecken, kann sie damit gar nichts anfangen. Nehmen Sie ihr einfach den Wind aus den Segeln: »Ach Sie meinen das Ende hier. Ja, die Enden habe ich ein wenig mit *UHU* verstärkt, damit sie nicht verfransen. Nun prüfen Sie bitte die Schere.« Das hat zwar wegen des vorhergegangenen Zerschneidens keine Logik, aber für das Publikum ist dies plausibel genug.

Während die Dame die Schere prüft, legen Sie das Seil zum klassischen Seilzerschneiden zusammen. »Um Ihnen noch einmal die Unverwundbarkeit des Seiles zu zeigen, schneiden wir die Mitte abermals durch. Bitte schön, schneiden Sie!«

Zeigen Sie die »beiden« Seile demonstrativ dem Publikum, und verknoten Sie beide miteinander. Achtung: Dies erfolgt etwas anders, als beim klassischen Seilzerschneiden üblich. Schlagen Sie das rechts herunterhängende Seil einmal herum (Abbildung 18), und bringen Sie diese Schleife über die kleinen Enden (Abbildung 19). Die Schleife muß unter dem kleinen Stück zu sitzen kommen (Abbildung 20). Wenn es angezogen ist, sieht es aus, als ob das zerschnittene Seil einfach verknotet wäre. Man nimmt jetzt den Knoten in die linke Hand, faßt mit der rechten Hand die beiden kleinen Zipfel an und erklärt, man wolle sie festziehen. In Wirklichkeit zieht man den übergelegten Schlaufenteil ein bißchen nach unten. Dadurch wird die Schlinge etwas lose (Abbildung 21). Jetzt können Sie das Seil wieder trimmen, »scheibchenweise«, wie der alte PANTEL PATRIX sagte. Schließlich ist nur noch ein Scheinknoten vorhanden, der sich beim Anziehen von selbst löst. Holen Sie sodann ein undurchsichtiges Tuch aus der Tasche (oder nehmen es vom Zaubertisch), und lassen Sie es die Dame über den Knoten decken: »Sie sollen jetzt selbst fühlen, wie der Knoten verschwindet!« Lassen Sie Ihre Assistentin den Knoten von oben durch das Tuch hindurch erfassen. »Noch können Sie den Knoten fühlen!« Sie selbst ergreifen das Seil rechts und links vom Knoten: »Reiben Sie den Knoten ein wenig!« Sie brauchen jetzt nur anzuziehen, die Dame das Tuch hochnehmen zu lassen, und schon können Sie triumphierend das restaurierte Seil mit ausgebreiteten Armen vorzeigen.

Natürlich hängt bei der gesamten Routine viel von der Dramaturgie ab. Aber wenn Sie nur einigermaßen geschickt vorführen, setzt an dieser Stelle der Applaus ein. Es muß für das Publikum so aussehen, als sei dieses Durchschneiden unter Zuschauerkontrolle der Höhepunkt und das letzte Vorzeigen der dramatische Abschluß.

4. und 5. Zerschneiden: Es folgt aber noch eine letzte Tour: das Zaubern lernen. Blicken Sie Ihre Assistentin scharf an und sagen Sie:»Ich glaube, Sie interessieren sich für die Zauberei. Möchten Sie's lernen?« Warten Sie um Gotteswillen keine Antwort ab! Ihre Assistentin könnte ja auch »Nein« sagen. Stattdessen fahren Sie ohne Zögern fort:»Also – jetzt gibt's Zauberunterricht. Weil wir das aber nicht nur theoretisch machen wollen, habe ich hier extra zu diesem Zweck ein zweites Seil mitgebracht... und Sie bringen beide auf gleiche Länge... So!« Ergreifen Sie dabei das »Steckerseil« aus Ihrem Zauberkörbchen oder vom Stuhl, halten es neben das andere und schneiden vom unpräparierten soviel ab, daß beide Seile gleich lang sind.

Es folgt ein raffinierter Kniff. Beide Seile hängen über Ihrer linken Hand. Sie müssen einfach durch langsames Drehen der Hand den in der Abbildungsfolge 22 - 29 dargestellten Griff vollziehen. Damit dies völlig unbemerkt bleibt, lenken Sie Ihr Publikum ab. Nachdem Sie nämlich beide Seile »auf gleiche Länge« gebracht haben, legen Sie Ihre Schere auf dem Zaubertisch in Griffweite Ihrer Assistentin ab.

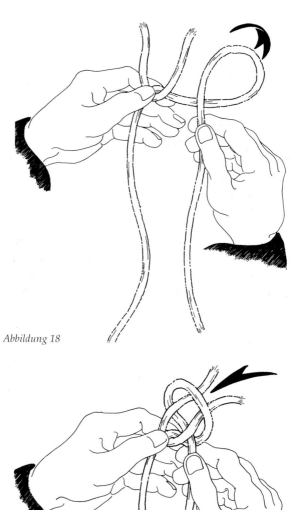

Abbildung 18

Abbildung 19

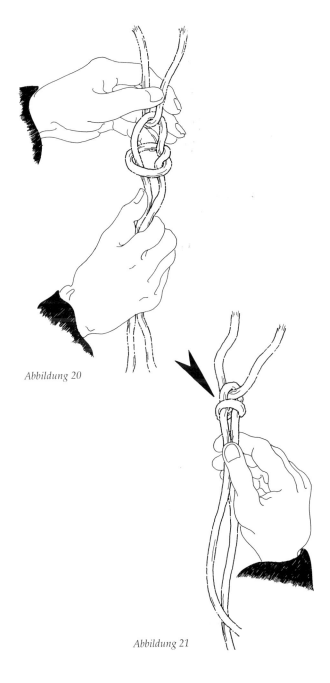

Abbildung 20

Abbildung 21

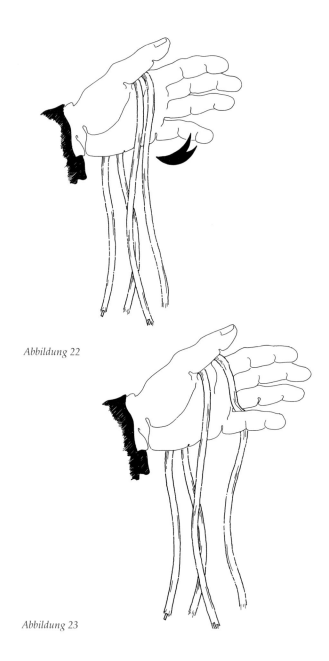

Abbildung 22

Abbildung 23

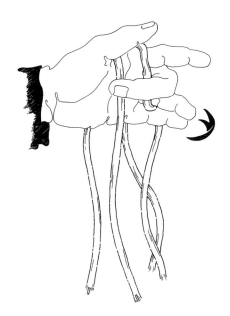

Abbildung 24

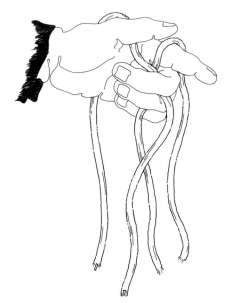

Abbildung 25

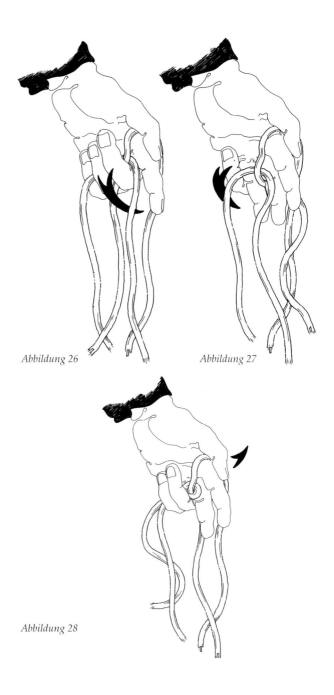

Abbildung 26

Abbildung 27

Abbildung 28

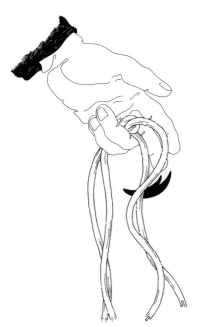

Abbildung 29

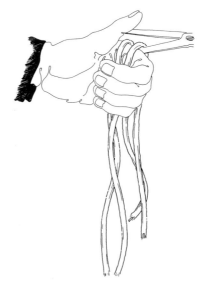

Abbildung 30

Unmittelbar bevor Sie den Griff vollziehen, also die Hand drehen, sagen Sie mit Blick auf Tisch und Schere gerichtet: »Bitte ergreifen Sie jetzt die Schere und schneiden Sie beide Seile in der Mitte durch!« Wenn Sie wie in Abbildung 30 zerschneiden lassen, können Sie Ihrer Assistentin zwei tatsächlich zerschnittene Seile überreichen, während Sie selbst die klassische Situation vorfinden. Dann sagen Sie: »Bitte legen Sie die Schere ab, und machen Sie mir alles genau nach. Als erstes verknoten Sie die beiden Seile.« Es ist klar, daß die Zuschauerin zwei Seile in der Hand hält, die *unten* die Buchse und den geweißten Stecker haben. Keine Angst, sie wird nichts bemerken, denn sie muß ja oben ihren Knoten schlagen. Währenddessen knoten Sie selbst das kurze Stück als einfachen Knoten auf die Mitte. Sie haben also einen Schiebeknoten, mit dem Sie jetzt ein kleines Byplay vollziehen können, das immer einen zusätzlichen Lacher bringt.

Schauen Sie die Dame an, und geben Sie ihr eine »wichtige« Anweisung: »Sie haben Ihre Seile zusammengeknotet? Genauso wie ich, – gut! Nun machen Sie einfach alles nach. Ich mache es Ihnen vor. Zunächst einmal müssen Sie darauf achten, daß der Knoten genau in der Mitte sitzt. Also – auf gar keinen Fall darf der Knoten hier oben sein.« Dabei schieben Sie den Knoten zu einem Ende hin, etwa 5 cm vom Rand. Lassen Sie die Lacher verebben, und fahren Sie fort: »Sondern der Knoten muß in der Mitte sitzen. – Aber ich sehe, bei Ihnen ist das ja schon der Fall. Nun sprechen Sie die Zauberworte *Malahai Malahai*, schieben den Knoten einfach ab, und das Seil ist wieder ganz.« Gleichgültig, ob Applaus kommt oder nicht, Sie müssen jetzt die Dame genau im Auge behalten. Denn es darf nicht geschehen, daß sie die präparierten Enden wahrnimmt.

Deshalb haben Sie Ihrer Mitspielerin das Seil so in die Hand gedrückt, daß sie es am Knoten hält und nicht etwa an den Enden. Da sie ja bei Ihnen »Zaubern lernt«, können Sie immer korrigierend eingreifen. Falls sie droht, falsche Wege zu gehen, nehmen Sie ihr einfach das Seil aus der Hand und drücken es ihr mit einer »Stagewhispering«-Bemerkung (»So am Knoten halten und nicht loslassen!«) in die Hand zurück. Das geht in Sekundenschnelle und ist nicht auffällig, weil die Situation jedes Instantstooging zuläßt.

Nachdem Sie also Ihren Schiebeknoten abgezogen und über die Schulter weggeworfen haben, können Sie die Dame das Abziehen des Knotens probieren lassen. Sie wird sich vergeblich abmühen, und es entsteht manchmal eine schöne Situationskomik. Der können Sie solange Raum geben, wie Sie es dramaturgisch für sinnvoll halten. Nur eines darf nicht passieren: Ihre Zuschauerin darf nicht die präparierten Enden inspizieren! Bevor sie dazu ansetzt (oder wenn sie sich genug vergeblich bemüht hat), nehmen Sie ihr das Seil aus der Hand: »Bei Ihnen funktioniert es nicht? Vielleicht haben Sie die Zauberformel nicht richtig nachgesprochen...« Bei diesen Worten knoten Sie die Seile wieder auf und zeigen deutlich, mit einem bedauernden und enttäuschten Gesichtsausdruck, beide Seile vor (strecken Sie die Arme aus wie ein Schutzmann!).

»Also passen Sie auf, wir werden es noch einmal versuchen, und ich helfe Ihnen dabei. Nehmen Sie bitte noch einmal die Schere zur Hand. Sie soll unser Zauberstab sein, denn zerschnitten sind die Seile ja schon. Ich lege einfach die Seile in der Hand zusammen, und Sie klopfen mit der Schere auf die Schnittstelle. Sie wissen ja, Sie sind meine Assistentin Fatima. Fatima, sprechen Sie während des Klopfens die

Zauberworte *Malahai Malahai!*« Währenddessen stek-
ken Sie die Steckerteile in der Hand zusammen und
lassen Ihre Mitspielerin auf die geschlossene Hand
klopfen.»Vielen Dank. Und wenn das Seil jetzt
abermals zusammengewachsen ist, sind Sie beim
Zaubernlernen erfolgreich gewesen und ein don-
nernder Applaus wird Sie belohnen.« Treten Sie
einige Schritte vor (damit Ihre Fatima die Stecker-
präparation nicht genau sehen kann), blicken Sie zur
Spannungserhöhung auf die geschlossene Hand,
und zeigen Sie schließlich das wiederhergestellte
Seil vor. Lassen Sie das Seil in den Ablagebehälter
fallen, und verabschieden Sie sich von Ihrer Mitspielerin:»Vielen Dank fürs Mitmachen. Bitte nehmen
Sie wieder Platz.« Und jetzt ernten Sie noch einmal
ganz einfach Applaus für Ihre Mitspielerin, indem
Sie, während die Dame zum Platz zurückgeht, auf
sie demonstrativ hinzeigen und ausrufen:»Und das,
meine Damen und Herren, war das unzerstörbare
Seil und – Fatima!« In den Schlußapplaus hinein
dürfen Sie sich ebenfalls verbeugen.

Zusatzideen:

1. Manchmal wählte CAMBELLA einen anderen Schluß,
der etwas skurriler war und die Tatsache der Unzer-
störbarkeit mehr in den Mittelpunkt rückte. Das
Ganze lief dann eher nach der Methode von Goethes
Zauberlehrling. Bei diesem Schluß werden die ein-
zelnen Stückchen und Seilteile, die während der
gesamten Tour entstehen, einfach auf den Fußboden geworfen. Nachdem Fatima Platz genommen
hat, ergreift man einen Changierbeutel, in welchem
sich ein ganzes Seil befindet:»Sie wissen ja, meine
Damen und Herren, als ordnungsliebender Mensch

94

sammle ich alle Stücke ein.« Bei diesen Worten wird der Changierbeutel beiläufig (fast geistesabwesend, automatisch) umgekrempelt, und dann wirft man den ganzen Seilstückwust in den Beutel. Anschließend blickt man ins Publikum und meint: »Ach, ich hatte vergessen, Ihnen noch etwas zu sagen...« Das ganze Seil wird mit einem entnervten Gesicht, das große Überraschung mimt, hervorgezogen, und die Schlußworte werden sehr betont gesprochen, während man Seil und Changierbeutel in den Ablagebehälter wirft: »Meine Damen und Herren, ich geb's auf. Das Seil verfolgt mich...«

2. Ich selbst nutze den bei der letzten Tour entstandenen Scheinknoten als Geschenk. Dazu habe ich auf dem Zaubertisch eine Art Blumenstengel aus grünem Holz (ein mit Filzstift bemaltes Schaschlikstäbchen) vorbereitet. Der Knoten wird nicht weggeworfen, sondern sorgfältig auf den Zaubertisch gelegt. Und vor der Verabschiedung meiner Mitspielerin ergreife ich den Knoten, spieße ihn auf das Schaschlikspießchen, um ihr das Ganze als bleibende Erinnerung an diesen Zauberunterricht zu überreichen. Das läßt sich schalkhaft ausspielen, indem man so tut, als überreiche man eine wertvolle Rose oder gar eine Orchidee.

Die Sache mit dem Taschentuch

Diese »Sache« ist *nur* ein Gag, eine Art »Nachspiel« zu einem anderen Trick. Trotzdem muß man sie zu den großen CAMBELLA-Routinen zählen, auf die er nie verzichtet hat. Denn »Die Sache mit dem Taschentuch« bringt Lacher über Lacher.

In ein entliehenes Zuschauertaschentuch wird ein großes Loch geschnitten – aus Versehen! Leider gibt es vor der endgültigen Reparatur einige Hindernisse zu überwinden. Zuerst schrumpft das durchlöcherte Tuch auf Miniaturgröße, und dann wird es riesengroß. Wenn Sie so wollen, wird das »David und Goliath«-Thema von Magierhandschuhen auf ein Taschentuch übertragen.

Einem ständig herumreisenden Profi, der am Tage vielleicht sogar mehrere Vorstellungen geben muß, wird die Geschichte weniger zusagen. Denn zum einen geht jedesmal ein Taschentuch drauf und zum anderen muß nach jeder Vorstellung das Riesentuch trocknen. Und wenn bei CAMBELLA im Garten das Bettlaken mit dem riesigen Loch auf der Leine hing, hieß es jedesmal unter den Nachbarn: »Ach so, Schneidermeister Scharneweber hat gestern Abend gezaubert!«

Zubehör:
- 1 normales, weißes Herrentaschentuch
- 1 Miniaturtuch (5 cm x 5 cm) mit Loch
- 1 Riesentuch (1m x 1m) mit Loch
- 1 Changiersektkühler
- 1 Schere
- 1 Krug mit Wasser.

Herstellung der Utensilien: Für die Herstellung der beiden Spezialtücher müssen Sie kein Schneidermeister sein, um sie richtig hinzukriegen. Das Geschehen während der Vorführung ist so turbulent, daß Unregelmäßigkeiten kleinerer Art nicht auffallen. Fangen Sie also bitte nicht an, sich mit Nähten abzumühen, indem Sie die Tücher am Loch umsäumen. Säume kosten nur Platz, weil sie die Tücher verdicken. Und da Sie ja während der Vorstellung aus dem Tuch der Originalgröße ein kreisrundes Loch mit der Schneiderschere herausgeschnitten haben, ist es plausibel, wenn die Riesen- und die Miniaturausgabe ebenfalls an der Schnittkante etwas ausgefranst, das heißt, nicht umsäumt sind. Sie müssen beim Herstellen der Tücher nur darauf achten, daß sie sich im Aussehen ungefähr entsprechen. Wenn das Loch im Zwergentuch also die Größe eines 5-Mark-Stückes hat, muß es im Riesentuch entsprechend größer sein, und Sie selbst müssen in der Vorstellung Ihren Schnitt beim Original den »mißratenen« Tüchern angleichen.

Das wichtigste ist der Spezialsektkühler zum Austauschen der Tücher. Aber auch hier gilt: nicht zuviel des Guten tun! Die einfachste Version reicht. Wer es sich ganz leicht machen will, kann die Changiermechanik auch weglassen und einen unpräparierten Sektkühler verwenden. Denn Sie müssen mit seiner Hilfe nur das »zerschnittene« Zuschauertuch zunächst mit dem Miniaturtüchlein und dann mit dem Riesentuch austauschen. Falls Sie also irgendwo arbeiten, wo das Publikum in Ihre Geräte keine allzu tiefe Einsicht nehmen kann (ab circa zwei Metern kann man bei einem Sektkühler schon nicht mehr auf den Innenboden sehen, wenn er nicht gerade auf dem Fußboden steht), auf einer Bühne oder auch mitten im Saal, ist jedwede Mechanik überflüssig. Am Schluß ist der Sektkühler nämlich sowieso mit Tüchern angefüllt und wird nicht mehr leer gezeigt, und das beiläufige Leervorzeigen zu Beginn dieser Gagsequenz erhöht den Effekt nur sehr gering.

Bei der supereinfachen Vorführung liegen also nur das Riesentuch und darauf das Zwergentuch vorbereitet im Sektkühler. Sie geben in der Tour das Normaltuch mit Loch hinein und holen das Miniaturtuch heraus. Schließlich legen Sie dieses hinein und holen das Riesentuch heraus. Das wird zum Schluß einfach wieder in den Sektkühler abgeworfen, der dann als Ablagebehälter dient.

Falls Sie sich aber eine kleine Changiermechanik (vor allem zum vorherigen Leerzeigen) basteln wollen, lesen Sie die Darstellung von CAMBELLAS Version. Sie ist noch einfacher als die klassische Hutklappe, die Sie übrigens auch benutzen können (Abbildung 31). Aus schwarzer Pappe wird ein Kreis ausgeschnitten, der als doppelter Boden dient. Die Größe richtet sich nach Ihrem Sektkühler und nach dem Volumen des zusammengeknüllten Riesentuches. Legen Sie also das Riesentuch und das Miniaturtuch in den Sektkühler, und klemmen Sie die Pappscheibe durch Hinunterdrücken fest. Fixieren Sie das Ganze mit Tesafilm, weil die zusammengedrückten Tücher den Drang haben, sich auszudehnen und den Zusatzboden nach oben zu drücken.

Damit Sie nun in der Vorstellung blitzschnell an die verborgenen Tücher herankommen, müssen Sie an einer Seite der Pappscheibe eine circa 1 cm breite Schlaufe aus Stoßband befestigen. Falls Sie nicht wissen, was »Stoßband« ist, fragen Sie Ihren Schneidermeister! Oder Sie verwenden irgendein schwarzes, festes Stoffband. Es wird mit Heftklammern an der Unterseite der Pappscheibe angetackert. Die verräterischen Teile der Heftklammer schwärzen Sie mit Filzstift und das oben hervorschauende Stoßband kann bei flüchtigem Vorzeigen durch seine schwarze Farbe ebenfalls nicht gesehen werden (Abbildung 32). Vergessen Sie nicht das kleine Zugband, sonst kommen Sie womöglich während der Vorstellung an Ihre Tücher nicht mehr heran, und es ergeht Ihnen so wie CAMBELLA beim ersten Male: »Ich hatte nicht bedacht, daß das hineingekippte Wasser die Pappe aufquellen läßt. Die Klappe saß bombenfest. Ich habe daran gezogen, nichts tat sich. Schließlich hab' ich mit beiden Händen in den Sektkühler gefaßt und den ganzen Sch... rausgerissen. Das sind

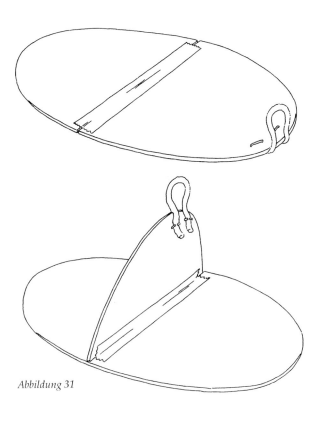

Abbildung 31

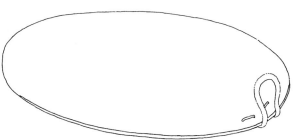

Abbildung 32

Schwierigkeiten, die man erst bemerkt, wenn es schon zu spät ist! Daraufhin habe ich mir 'ne kleine Schlaufe angenäht, die steht nach oben vor. Man kann nun den Sektkühler trotzdem leer vorzeigen. Dann reiße ich nur kurz nach oben, die Bodenplatte löst sich, und ich komme an die Tücher heran. Die Platte bleibt während der folgenden Handlungen einfach im Sektkühler und stört nicht. Natürlich darf man sie im Eifer des Gefechtes nicht mit dem Riesentuch herausziehen.«

Vorführung: Als Vorbereitung kommt zunächst das Riesentuch in den Sektkühler und darauf das Zwergentuch. Das Ganze wird mit dem Pappeinsatz verdeckt.

Am besten eignet sich die »Sache mit dem Taschentuch« als Abschluß des Tricks »Knoten« (siehe unten). So jedenfalls hieß das Kunststück bei Bartl. Es ist aber auch als »Ottokar Fischers Tuch- und Fächertrick«, als »Indische Wunderschnüre« und unter unzähligen anderen Titeln bekannt (später dazu mehr). Wir beziehen uns auf die »Knoten«-Version, da sie mit geliehenen Taschentüchern aus dem Publikum vorgeführt wird.

Der vorhergehende Trick ist beendet, Sie haben Ihre beiden Assistenten ins Publikum entlassen und geben nun die entliehenen Tücher zurück. Beim letzten zögern Sie und blicken den Besitzer treuherzig an: »Wissen Sie, das Tuch ist mir irgendwie sympathisch. Und was Sie nicht wissen können: Ich habe zu Hause eine kleine Lochsammlung. Sie gestatten mir doch, daß ich da ein klein bißchen herausschneide!? Ihr Taschentuch bekommen Sie wieder. Ich brauche nur das Loch, und ein Loch ist ja nichts. Sie wissen doch, ich kann zaubern, und das ist ja auch nur ein kleines Löchlein.« Während dieser Worte haben Sie die Schere ergriffen und demonstrieren, wie klein das Loch sein soll (Abbildung 33). – »Darf ich...?« und in diesem Moment rutscht die Schere nach unten, so daß beim Zerschneiden ein wesentlich größeres Loch entsteht (Abbildung 34). Starren Sie etwas erschreckt auf das Loch, und reden Sie sich sofort heraus: »Entschuldigen Sie bitte. Die Dame da hat Schuld. Die hat immer genickt: ›Schneid' doch, schneid' doch, schneid' doch...!‹ – Entschuldigen Sie sich bitte bei dem Herrn!«

Dieses Mißgeschick muß gut gespielt werden, damit das Publikum sich nicht sicher ist, ob Ihnen nicht tatsächlich ein Unglück passiert ist. Ziehen Sie dabei Ihr Sprechtempo so an, daß nicht die Chance eines echten Dialoges besteht. Denn der Zuschauer darf niemals in die Lage kommen, »Nein« zu sagen. Sie stellen also Ihre Frage »Darf ich?«, lassen eine winzige Pause und sagen sofort »Danke«, als ob der Zuschauer zugestimmt hätte. Das Publikum soll merken, daß Sie Ihr Opfer überfahren. Da Sie jedoch ein größeres Loch hineingeschnitten haben, als Sie offensichtlich wollten, entsteht nun die Situation »Wer anderen eine Grube gräbt«. Die Schadenfreude hat sich verdoppelt. Erst war nur der Tuchbesitzer Opfer, jetzt sind Sie es selbst auch noch. Das Abwälzen der Schuld auf die angeblich Ihnen zuratende Dame dient dem Auskosten der komischen Situation. Dabei sprechen Sie bitte keine Dame direkt an. Sonst könnte die nämlich protestieren und rufen: »Ich habe doch gar nichts gesagt!« Suchen Sie sich nur ein paar Meter vom Herren entfernt eine Gruppe mit Damen aus, und lassen Sie in diese Richtung Ihren Tadel ab – das genügt! Das Publikum muß freilich den Eindruck haben, als würden Sie eine Frau persönlich ansprechen. Die Worte »Entschuldigen Sie sich bitte bei dem Herrn!« können Sie durch eine Kopfbewegung unterstreichen.

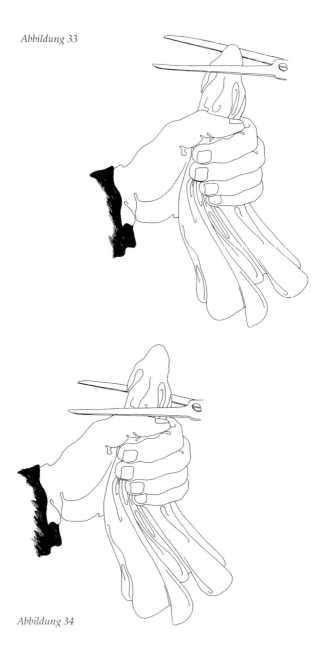

Abbildung 33

Abbildung 34

Stecken Sie die Schere und den herausgeschnitte-
nen Teil in die Tasche, und betrachten Sie etwas
ratlos das Taschentuch mit dem Loch. Dann ergreifen Sie den Sektkühler, zeigen ihn flüchtig leer und
werfen das beschädigte Tuch hinein: »Jetzt muß ich
meine magischen Kräfte walten lassen. Als erstes
gießen wir mal magisches Wasser drüber.« Dazu
geben Sie aus Ihrem Krug Wasser in den Sektkühler,
ungefähr ein viertel Glas. Wichtig ist nur, daß die
Zuschauer einen Schwall erkennen können. »Das
muß jetzt zwei Sekunden wirken.« Wenn Sie darauf
in den Sektkühler hineingreifen, die Pappscheibe
umlegen (damit das Originaltuch aus dem Verkehr
ziehen und die beiden anderen Tücher freilegen)
und das Zwergentuch herausholen, machen Sie bitte
nicht den Fehler, es mit flacher Hand zu halten.
Damit würde die Pointe zu früh verraten und es
wäre ein verräterischer Handhabungsunterschied
zum Riesentuch gegeben. Formen Sie also eine Hohlkugel mit beiden Händen (Abbildung 35).

»Und jetzt, meine Damen und Herren, müssen
Sie hauchen. Ganz zart. Ich zähle bis drei und dann
hauchen Sie!« – Unterstreichen Sie diese Anweisung
durch Zurücknehmen Ihrer Stimme. – »Oh, meine
Damen und Herren, ich spüre schon: Es wächst
zusammen.« Sie legen dann eine kurze Pause ein zur
Spannungserhöhung, blicken auf die Handhohlkugel, öffnen und machen ein enttäuschtes und
erstauntes Gesicht. Wenn Sie das Tuch vorzeigen,
haben Sie garantiert die Lacher auf Ihrer Seite. Denn
das Tüchlein mit Löchlein als Ergebnis der gesammel-
ten Hauchkräfte eines ganzen Saales ist lächerlich.
Tun Sie etwas ratlos: »Das ist mir noch nie passiert.
Wie kann das bloß angehen?« – Nach kurzem Nachdenken haben Sie's: »Wissen Sie was? Sie haben zu
zart gehaucht. Wir versuchen es noch einmal.« Also

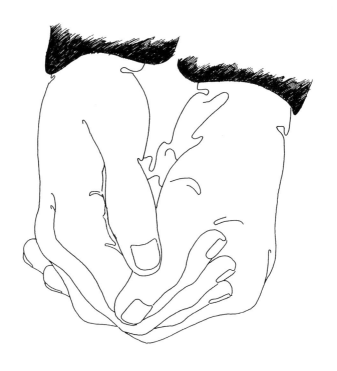

Abbildung 35

zurück mit dem Tüchlein in den Sektkühler, wieder etwas magisches Wasser darauf, und nun müssen Sie aufpassen, daß durch die Handhabung nicht vorzeitig der nächste Gag verraten wird. Halten Sie die Handhohlkugel also nicht zu weit vom Körper entfernt, damit die seitlich Sitzenden nicht das Riesentuch bemerken. Nun lassen Sie stark hauchen, zur Sicherheit ein zweites Mal. Wenn Sie dann auf Ihre Hände schauen, geht ein Ausdruck der Freude über Ihr Gesicht: »Ich spüre es, jetzt ist es mir gelungen!« Beim Entfalten des Riesentuches sind die Lacher garantiert da.

Bemerken Sie trocken: »Das war ein bißchen zuviel.« Erst dann entdecken Sie das Riesenloch in der Mitte, blicken erstaunt ins Publikum und dann wieder zurück auf das Loch: »Stellen Sie sich mal vor! Jetzt hab' ich ein Taschentuch mit Notausgang.« Um diese Worte zu unterstreichen, steigen Sie mit einem Bein durch das große Loch. Nachdem Sie das Bein wieder herausgezogen haben, schütteln Sie erneut den Kopf, schauen die Zuschauer eine Sekunde mit neutralem Gesichtsausdruck an und sprechen schließlich erklärend zu Ihrem Opfer: »Sie glauben doch nicht wirklich, daß ich Ihr Taschentuch zerschnitten hätte!? Wenn ich auch zaubern kann, *so* kann ich es nicht...« Mit einem Lächeln legen Sie das Riesentuch in den Sektkühler ab, greifen in Ihre Jackettasche und holen Ihre Brieftasche hervor. Darin befindet sich ein heiles weißes Taschentuch mit einer roten Schleife drum. Geben Sie es dem »Opfer« mit vielem Dank zurück, und ziehen Sie zum Schluß noch einen Applaus, indem Sie den Beifall auf ihn beziehen: »Meine sehr verehrten Damen und Herren! Dieser Herr hat soviel Angst ausgestanden und so nett mitgemacht. Dafür bekommt er von uns jetzt nochmals einen Sonderapplaus.«

Das Geheimnis des letzten Teils? Woher plötzlich das Zuschauertuch kommt? – Nirgendwoher, denn das Zuschauertuch haben Sie ja real zerschnitten, und es befindet sich noch immer im Sektkühler. Das »wiederhergestellte Tuch« ist ein eigenes. Natürlich kostet der Trick jedesmal ein Taschentuch. Aber überlegen Sie einmal, ob das der Spaß nicht wert ist. Außerdem lassen sich Taschentücher auch in größeren Mengen preiswert erwerben.

Das Stoogeproblem: Zauberfreunde, die zum erstenmal diese Routine kennenlernen, werden sich sofort fragen, ob das auch funktioniert, denn es besteht ja die berechtigte Befürchtung, daß der Mitspieler den Ersatz nicht akzeptiert und sein eigenes Tuch zurückfordert. Und dann steht man ziemlich dumm da.

In der Praxis sieht das aber ganz anders aus. Cambella hat den Trick ständig in seinem Programm gehabt und nie erlebt, daß ein Zuschauer protestiert hätte. Natürlich kommt es auf die Psychologie der Mitspielerwahl an, ähnlich wie in einer Taschendiebstahlsnummer. »Ich bin,« so Werner Scharneweber, »meistens zum Veranstalter oder Vereinsvorsitzenden gegangen und habe ihn gebeten, mir eine Vertrauensperson zu nennen, die ich auf die Bühne holen kann. Das sollte jemand sein, der einen Spaß verstehen kann. Meistens war das dann der Kassierer oder sonst wer, den jedenfalls alle im Verein kannten. Überall gibt es derartige Ulknudeln oder Hansdämpfe-in-allen-Gassen, die überall mit dabei sind. Und wenn er das Opfer wird, ist die Sache sowieso gelaufen. ›Ach, das ist ja Herr Meier auf der Bühne‹, heißt es in den Zuschauerköpfen während der Vorstellung, ›das wird ja gleich 'was Schönes geben‹. Und wenn diese Leute manchmal ihre Scherze und Zwischenrufe einbringen, gibt es zusätzliche Lacher.«

106

CAMBELLA und »Die Sache mit dem Taschentuch«

Lassen Sie uns an dieser Stelle das Problem des eingeweihten Zuschauers (also des »Stooge«) ein wenig grundsätzlicher und vor allem psychologisch erörtern. Es gibt einige Regeln zu beachten, von denen eine Tour, wie die mit dem Taschentuch, stark abhängt. Was ganz falsch wäre: mit dem Stooge vorher den ganzen Ablauf und die Pointe der Nummer zu besprechen. Dann erzeugen Sie beim Mitspieler Unsicherheit, wie bei einem frischgebackenen Schauspieler, und er wird auf fürs Publikum durchsichtige Weise »agieren«. Aber das Publikum darf auf keinen Fall durchschauen oder ahnen, daß es sich um eine abgesprochene Sache handelt. Der Mitspieler muß also *natürlich* wirken. Dies erreicht man zum Beispiel durch sogenanntes »Instant-Stooging«. Dabei erfolgt die Einweihung nicht vorher, sondern während der Routine selbst. Etwa wenn MARVELLI dem assistierenden Zuschauer bei der Fluchtkiste zuflüstert, er solle mit in die Kiste hineinsteigen, und sich selbst über dieses angebliche Mißverständnis halb totlacht. Durch die Reaktion MARVELLIS glaubt das Publikum, der Zuschauer habe gerne selbst zu der hübschen Assistentin in die dunkle, enge Kiste gewollt... Oder in Taschendiebstahlsnummern, wo die Opfer viele Griffe genau bemerken, aber nichts sagen, weil sie sich als Teil der Schau fühlen.

Ein anderes Verfahren, den Stooge *natürlich* bleiben zu lassen, ist das »Misch-Stooging«. KALANAG benutzt in der Fernsehaufzeichnung seiner »Wunderbar« drei eingeweihte Personen für die Getränkewünsche. Als letzter wünscht sich ein Mann »Pfefferminzlikör«. KALANAG läßt ihn aufstehen und das Glas halten. Sofort darauf bittet er eine daneben sitzende Dame aufzustehen und den Krug zu halten. Sie soll das »Wasser« ins Glas einfüllen und schließlich den Pfefferminzlikör probieren. Was ist das

Raffinierte an diesem Verfahren? KALANAG bildet ein Zuschauerpaar, das gemeinsam mitwirkt. Dabei hat der Stooge nur die kleinere (aber für den Trick wichtigere) Rolle des Getränkewunsches und des Glashaltens. Die sichtbare Haupttätigkeit und die Gags spielen sich mit der Dame ab. Ihre natürlichen Reaktionen ersticken jeden Verdacht im Keim, weil das Publikum das Paar als Einheit wahrnimmt. Zudem wird die Vermischung des Stooge mit einer uneingeweihten Person noch dadurch verstärkt, daß die Dame zum Schluß austrinkt und bestätigt, daß es sich tatsächlich um Pfefferminzlikör handelt. In der Publikumserinnerung bleibt dann zurück, daß sie auch das Getränk wählen durfte. In KALANAGS »Wunderbar« ist dies übrigens ein Grundprinzip, um das Vorhandensein von Stooges zu vertuschen. Der Meister läßt des öfteren nicht dem Wünschenden servieren, sondern ganz woanders im Publikum. So wird davon abgelenkt, daß die Zurufe häufig aus einer bestimmten Ecke kommen.

BOB DOWD verwendet in seiner Armchopper-Routine ebenfalls eine Art Misch-Stooging, diesmal aber in *einer* Person angesiedelt. Er führt mit seinem eingeweihten Zuschauer *zwei* Kunststücke vor, wovon nur *eines* abgesprochen ist. Vorbereitet nämlich haben beide in einem unbeobachteten Moment und Raum das »Herausziehen eines Hemdes«. Aber vorher zeigt DOWD – unabgesprochen – mit seinem Stooge eine Armchopper-Routine, wobei der Schlußgag mit dem herausgezogenen Hemd blitzschnell an das Ende der Armguillotine angefügt wird. Dadurch wird verhindert, daß der Zuschauer sich innerlich auf die Hemdtour einstellt, dann »schauspielert« oder durch innere Anspannung verdächtige Signale aussendet. Das natürliche Reagieren auf die Guillotinensituation überträgt sich in der Wahrnehmung des Publikums auf den Hemdengag. Ähnlich geht auch CAMBELLA vor. Er motiviert zunächst vor dem Veranstalter die Absprache: »Wissen Sie, ich habe einen sehr lustigen Trick dabei, der Stimmung in die Bude bringt und wo ein Zuschauer beteiligt ist. Haben Sie jemanden, der Spaß versteht? Es ist manchmal sehr unangenehm, wenn man endlos warten muß, bis jemand auf die Bühne kommt, oder wenn man jemanden erwischt, der doch eher zurückhaltend ist...« Durch diese Worte wird zunächst nur vermittelt, daß man einen reibungslosen Showablauf durch eine kurze Absprache garantieren möchte. Diesen Eindruck bekommt der freiwillige Mitspieler in der Regiebesprechung ebenfalls: »Es ist nett, daß Sie mitmachen. Ich führe nachher einen Trick mit entliehenen Taschentüchern vor. Sie wissen ja, wie das ist... Die Leute haben bei Zauberern immer Angst von wegen Taschendiebstahl und zieren sich. Ich hätte dann nur die Bitte, daß Sie den Anfang machen. Da können sonst Pausen und Längen im Programm entstehen. Haben Sie ein weißes Taschentuch? Nein? Passen Sie mal auf, dann geb' ich Ihnen einfach eines, und dann machen Sie den Anfang. Und das bleibt unter uns, nicht wahr?!« Wenn Sie ihm am Schluß das mit einer roten Schleife versehene Tuch überreichen, können Sie zur Vermeidung von Unklarheiten noch kurz zuflüstern: »Behalten Sie's als Gage. Ich schenke es Ihnen.« Sie verstehen, worum es geht: Die Vorabinstruktionen des Zuschauers gehen nur soweit, wie unbedingt nötig, damit in seinem Verhalten während des Tricks noch ausreichend Raum für spontane Reaktionen bleibt.

Wenn Sie den Mitspieler durch eine kurze Vorabsprache in Ihre Show einbeziehen, werden Sie auch keine Schwierigkeiten bekommen, falls er tatsächlich ein eigenes Taschentuch dabei hat. In diesem

Fall geben Sie ihm einfach Ihres und nehmen das seine. Binden Sie eine Schleife darum und am Schluß erhält er dann sein eigenes Tuch wieder zurück. Sollte am Tisch die Ehefrau die Taschentücher Ihres Mannes gut kennen (weil sie diese bügelt), wird sie sich ziemlich wundern, daß es sich um das Originaltuch handelt. Die skeptische Prüfung findet ja ganz am Schluß statt und beim Weggeben des Tuches durch ihren Mann gibt es keine Gelegenheit zu einer Authentizitätskontrolle. Wozu auch, es geht ja nur um eine Hilfestellung für den Trick »Knotes«.

Natürlich können Sie das wiederhergestellte Originaltuch auch magisch erscheinen lassen. Aus einer Taubenkasserolle oder, wenn Sie mit Tieren arbeiten, um den Hals eines Hasen gebunden... Oder Sie kombinieren es mit dem siebenfachen Kästchen. Besonders Künstler, die eine Assistentin mit dabei haben, können sich diverse Erweiterungen einfallen lassen. Dann geht es auch ohne Stooging. Zum Beispiel sammelt die Assistentin für den Trick »Knotes« Taschentücher in einem Kästchen ein. Auf der Bühne stellt sie das Kästchen auf den Zaubertisch, die beiden mitwirkenden Zuschauer erhalten die Seile und spannen sie waagerecht auf. Auf dem Haupttisch befindet sich vorbereitet ein eigenes weißes Tuch, das Sie mit aufknoten. Bei ausreichendem Abstand merkt kein Mensch, ob Sie ein Tuch aus dem Kästchen nehmen oder unmittelbar dahinter vom Tisch. Wenn alle Tücher auf den Leinen aufgeknotet sind, kommt Ihre Assistentin und räumt das Kästchen ab. Hinter der Bühne stellt sie dann die Situation »Siebenfaches Kästchen«, »Taubenkasserolle« oder »Hasenhalsband« her.

Sie sehen, daß die »Sache mit dem Taschentuch« eine Fülle von Möglichkeiten birgt. Deshalb ein kleiner Rat aus der Praxis von CAMBELLA: »Das Wichtigste ist natürlich der Jux mit dem winzigen und dem riesigen Tuch. Ich selbst habe es immer bei dem einfachen Überreichen aus der Brieftasche mit roter Schleife belassen und darauf verzichtet, das Wiedererscheinen besonders herauszustellen. Einfach, weil ein magisches Wiedererscheinen das Publikum aus seinem entspannten Zustand des Lachens wieder in die Spannungssituation des Unerklärlichen bringt.«

»Knotes«-Variationen

Zauberfreunde, die nun gerne »Die Sache mit dem Taschentuch« in ihr Repertoire aufnehmen wollen, werden in der Praxis sehr schnell auf eine Schwierigkeit stoßen, die es zur Zeit CAMBELLAS so nicht gab. Die Menschen von heute haben oft keine weißen Leinentaschentücher mehr bei sich. Wir leben im Zeitalter der Papiertaschentücher. Daher ist es manchmal notwendig, auf andere Gegenstände auszuweichen.

Welche »Knotes«-Variante Sie übrigens tricktechnisch wählen, ist unerheblich. Ob die Zauberstabverschlingung, ob die Fadenpräparation oder einfach die Verknotung à la »Grandmother's Necklace« – jede Gegenstandsvariante ist damit vorführbar. Die Firma WILDON brachte in den fünfziger Jahren ein Manuskript heraus mit dem Titel »Wristwatches«, das mit einem Kästchen und zwei Armbanduhren die Tour beschrieb. Aber keine Angst, wenn Sie das Manuskript nicht in Ihrer Sammlung haben! Sie finden es in der »Intermagic« (12. Jahrgang, Heft 2, Seiten 92 - 94). Dort können Sie auch nachlesen, woher die Routine wirklich stammt.

Die Urahnin aller »Knotes«-Routinen ist natürlich »Grandmother's Necklace«. Sie wird mit drei Perlen oder Kugeln vorgeführt und ist unter dem

Titel »Die geheimnisvollen Korallen« heute noch bei der Firma KELLERHOF erhältlich. Allerdings findet man genau diese Version auch in Kinderzauberkästen. Deshalb sollte man sie schon etwas maskieren. Wer sie nicht kennt, kann in WITTUS WITTS »Taschenspielertricks« auf den Seiten 23 - 24 nachlesen. Vor einiger Zeit hat IGOR JEDLIN im Fernsehen bei Wim Thoelke eine ähnliche Tour mit Gardinenkugeln präsentiert, wobei er aber nicht die »Necklace«-Verschlingung, sondern die Fadenpräparation anwendete.

Sie können aber auch Vorhangringe und ein Zuschauerjackett benutzen, wie unter dem Titel »The Ropes and Rings Mystery« in »Abbott's Encyclopedia of Rope Tricks« (Seiten 44 - 45) gezeigt wird. Dort ist die Fadenmethode genau erklärt. Ja, im Grunde können Sie alle Gegenstände, die sich auf ein Seil auffädeln oder aufknoten lassen, verwenden. In dem schon erwähnten WITT-Buch wird das unter der Überschrift »Jackett-Befreiung« (Seiten 67 - 68) beschrieben. Falls Sie die Zauberstabmethode à la »Knotes« nicht kennen sollten, brauchen Sie nur dort nachzuschlagen.

Sie sehen also, daß Ihrer Phantasie keine Grenzen gesetzt sind und die Entwicklung zum Wegwerftaschentuch kein Hinderungsgrund darstellt. Der Berufler FREDERICK hat seine »Knotes«-Routine von vorneherein schon als Sammelsuriumstrick angelegt und angekündigt, er wolle jetzt zeigen – »Anhand eines kleinen Modells natürlich« – wie der große Entfesselungskünstler HOUDINI gearbeitet hat. Dann läßt er seine beiden Zuschauerassistenten Gegenstände entleihen: eine Uhr, einen Ring, einen Schal, einen Armreif, ein Taschentuch und so weiter. Die werden auf die Seile aufgefädelt, und nun hat FREDERICK noch zwei »spontane« Einfälle: »Wissen Sie was? Lassen Sie uns diesen Stuhl noch mit aufknoten. – Und zum Schluß ziehen Sie bitte mal Ihr Jackett aus...« Ja, und das wird auch noch aufgefädelt. Sie können sich vielleicht vorstellen, welche (Schaden-)Freude aufkommt, wenn Sie den Knoten schlagen und die Zuschauerjacke so richtig schön eingeschnürt wird.

Unter Deckung der Jacke folgt nun die »Houdini-Befreiung«, wie Frederick sagt. Blitzschnell zerstört er mit einer Hand den Faden (Fadenmethode), holt zunächst den Stuhl hervor und stellt ihn en passant beiseite mit den Worten: »Der Stuhl ist etwas hinderlich. Den stelle ich mal zur Seite.« Dabei wird erst nach einem Augenblick, wenn nämlich der Groschen gefallen ist, vom Publikum überhaupt wahrgenommen, daß es schon den Trickbeginn erlebt hat und nicht das einfache Beiseitestellen eines überflüssigen Stuhles. Die übrigen Gegenstände (Ringe, Armreifen, Uhr, Schal) hält Frederick noch unter Deckung des Jacketts in einer Hand. Auf dem Tisch befindet sich ein kleines Tablett, auf das er die Gegenstände – bis auf das Taschentuch, das noch unter dem Jackett verbleibt! – mit den Worten deponiert: »Sie sehen, meine Damen und Herren, Ihre Dinge sind auch schon befreit!« Man braucht keine Angst zu haben, daß die Jacke von den Schnüren fällt, obwohl die Verbindung bereits gelöst ist. Denn Baumwollseile und Jackettstoff in Verbindung mit dem Knoten über der Jacke besitzen ausreichend Reibungsflächen, um noch zusammenzuhalten. »Und nun das Schwierigste: Ihr Jackett!«

Gehen Sie mit beiden Händen unter das Jackett und begehen Sie die kleine Frechheit, das Taschentuch einfach in die Innentasche der geliehenen Jacke zu stecken. Nachdem das Jackett befreit ist, lassen Sie es den Mitspieler wieder anziehen. Verabschieden Sie Ihre beiden Assistenten, und geben Sie schnell

114

die entliehenen Gegenstände zurück. Entweder Ihr Stooge »schaltet« nun und fordert lautstark sein Taschentuch zurück. Oder aber – falls er nicht auf den Einfall kommt, seine Rolle weiterzuspielen – stutzen Sie selbst beim Zurückgeben: »Moment mal, da fehlt noch was. Das Taschentuch!« Schauen Sie dann sofort zu Ihrem Stooge und sagen Sie: »Ihr Taschentuch fehlt noch!« Jetzt wird der Stooge weiterspielen und es fordern.

Diesen kleinen Kunstgriff muß man deshalb oft verwenden, weil Sie ihm das Taschentuch ja vorher zugesteckt haben, allein mit der Erklärung, er möchte aus Timinggründen oder »weil sich manchmal Zuschauer zieren«, Ihnen das Tuch zu geben. Daß er es als sein eigenes nachdrücklich ausgeben soll, wird ihm durch Ihre Anweisungen nicht unbedingt deutlich. Gehen Sie dann sofort zu dem Zuschauerassistenten, dem Sie das Tuch in die Jackett-Innentasche gemogelt haben, und holen Sie es hervor mir der Bemerkung: »Ach, Sie wollten wohl auch mal Zauberer spielen...« Das weckt beim Publikum Taschendiebstahlsassoziationen und ruft Gelächter hervor.

Bevor Sie nun aber das »geliehene« Tuch seinem »Eigentümer« zurückreichen, betrachten Sie es und sagen (während Sie zu Ihrem Vorführplatz zurückgehen): »Wissen Sie was? – Den Herrn kann ich verstehen. Das Tuch ist mir auch irgendwie sympathisch.« Zücken Sie die Schere, und steigen Sie dann mit den Worten »Was Sie nicht wissen können: Ich habe zu Hause eine kleine Lochsammlung...« in »Die Sache mit dem Taschentuch« ein.

Vergangenheit, Gegenwart und Zukunft

Dem Schwerpunktzeiger ist Werner Scharneweber zunächst in ganz unkünstlerischem Zusammenhang begegnet. Auf dem »Pflaumenmarkt« in Hamburg-Wandsbek:

»Das war eine Art Jahrmarkt mit Karussell, Zuckerbuden, Hau-den-Lukas, Nageleinschlagen (›Die deutsche Eiche – wer sie besiegt, kriegt 10 Mark‹), und so weiter. Und dort war ein Mann, der die Geisteruhr hatte. Er verkaufte Horoskope und fragte zum Beispiel einen der Umherstehenden: ›Wann bist du geboren?‹ Der Gefragte antwortete, und der Horoskopverkäufer sagte: ›Nun wollen wir mal sehen, ob das stimmt...‹ Dann drehte er den Zeiger seiner Geisteruhr, und der blieb natürlich auf dem richtigen Monat stehen. Die Folge war, daß man ziemlich dumm guckte und diesem Mann gegenüber eine gewisse Voreingenommenheit hatte. Der konnte also doch mehr, als bloß Brot essen... Etwas erstaunt war ich, als ich später bei BARTL diesen Uhrzeiger im Katalog entdeckte. Ihn sehen und bestellen war eins, und ich habe mein Experiment *Die Vergangenheit, die Gegenwart und die Zukunft* mit dem BARTLschen Originalvortrag eingeleitet. Man erzählt also – und durch die Betonung bringt man das Wortspiel mit der Vorsilbe »U(h)r« zu Gehör –, daß diese Uhr eine sagenhafte Vergangenheit habe. Sie stamme von meinem Großvater, der sie wiederum von seinem Urgroßvater habe, der sie in den Urwäldern von Uruguay gefunden habe.«

CAMBELLAS Tour ist ein gutes Beispiel für Mentalzauberei, die sich in den Rahmen einer herkömmlichen Sprechdarbietung einfügt. Der Zeiger tritt dreimal in Aktion, was mit »Vergangenheit, Gegenwart und Zukunft« motiviert wird. Bei »Gegenwart« läßt man sich einfach eine Zahl zurufen und setzt nach dem heimlichen Einstellen der Zahl den Zeiger in Bewegung. Bei »Zukunft« würfelt ein Zuschauer mit zwei Schwerpunktwürfeln, *nachdem* der Zeiger in Bewegung gesetzt wurde. Bei »Vergangenheit« kann man zu Beginn der Routine eine Stunde als Zahl auf einen Zettel aufschreiben lassen und sich die Information mittels »Center-Tear« holen (siehe Kapitel 6 in CORINDAS »13 Stufen zur Mentalmagie«). Man kann auch eine der vielen im Handel erhältlichen Trickuhren einsetzen, bei denen die Stundenzahl nach Verschließen des Deckels heimlich vom Zauberer ermittelt wird.

Eines der tricktechnischen Probleme beim Schwerpunktzeiger ist das unmerkliche Einstellen der gewählten Zahl. CAMBELLA hat sich die Prozedur durch eine raffinierte Vereinfachung erleichtert. Hier seine Routine:

»Meine Damen und Herren! Sie sehen hier eine Geisteruhr, die eine geheimnisvolle Beziehung zu Vergangenheit, Gegenwart und Zukunft hat.

Bevor ich jedoch die Demonstration beginne, möchte ich Sie bitten, mein Herr, an eine Stunde zu denken, also sich eine Zahl von 1 bis 12 auszuwählen. Aber nicht nennen! Hier erhalten Sie ein kleines Kästchen. Öffnen Sie bitte den Deckel. Sie sehen ein Zifferblatt mit einem drehbaren Zeiger. Bitte stellen Sie – unbemerkt von Ihren Nachbarn – die gewählte Stunde ein, und schließen Sie den Deckel wieder. Selbst wenn jetzt jemand die Stunde gesehen hätte, wüßte er nicht, ob sie vormittags oder nachmittags liegt. Und diese Information behalten Sie bitte noch völlig für sich. Halten Sie das Kästchen verschlossen in Ihrer Hand, bis Sie zu gegebener Zeit von mir eine Anweisung erhalten.«

Der Magier hat mit diesen Worten einem Mitspieler eines der kleinen Uhrenkästchen überreicht, bei dem man die Zahl blitzschnell erfährt. CAMBELLA selbst hat immer die »Wonder Clock« von HAUG verwendet, bei der man auf einen getarnten Knopf drückt und sogleich die eingestellte Zahl heimlich ablesen kann, weil sie am Boden aufleuchtet. Will man die Center-Tear-Methode anwenden, wird der Zettel, auf den der Zuschauer seine Stundenzahl geschrieben hat, vom Magier zerrissen und verbrannt. Die zurückbehaltene Mitte kann man an einer späteren Stelle in der Routine ablesen, da die Zahl erst am Schluß eine Rolle spielt. Natürlich muß der Vortrag dann entsprechend geändert werden.

Bei den Worten »zurück zu meiner Geisteruhr« wendet sich der Magier dem großen Zifferblatt zu und nimmt den Zeiger ab, der bislang auf die 12 gezeigt hat. Noch bevor die »Gegenwartszahl« genannt wird, dreht er mit einer Hand das Rädchen unmerklich auf 3, denn diese Position ist als Ausgangspunkt optimal. Jede Zahl kann von hier aus durch ein Minimum an Drehbewegungen erreicht werden. Dazu muß man sich nur klar machen, daß je nach dem, welche Seite des Zeigers aufgesteckt wird, immer zwei Stunden erreichbar sind: 1 und 11, 2 und 10, 3 und 9, 4 und 8, 5 und 7. Diese spiegelbildliche Entsprechung funktioniert nur bei 12 und 6 nicht.

Hat der Zuschauer seine Zahl gerufen, und ist sie am Rädchen heimlich eingestellt, fragt der Zauberkünstler noch: »Vormittags oder nachmittags? Das ist wichtig, damit ich weiß, ob ich rechts- oder linksherum drehen muß.« Selbstverständlich ist das völliger Unsinn, aber es führt schön in die Irre.

Das Gegenwartsexperiment wird sodann mit einer Zuschauerin wiederholt: »Meine Damen und Herren! Mit mir hat das Ganze überhaupt nichts zu tun. Ich demonstriere nur ein Wunderwerk der Mechanik. Und zum Beweis lasse ich jetzt bei jemandem von

Ihnen die Uhr ihre Macht entfalten.« Eine Dame wird auf die Bühne gebeten, darf den Zeiger aufsetzen und drehen. Es stimmt wieder.

Bei diesem Zuschauerinnen-Teil gilt es – je nach gewählter Zahl – unterschiedlich vorzugehen. Die ungünstigsten Fälle sind 12 und 6. Dann muß der Magier den Zeiger bis zur Bewegung selbst in Position halten, damit er nicht vor dem Drehen schon auf der gewählten Zahl steht beziehungsweise sich beim Aufstecken schon auf sie einpendelt und das Geheimnis preisgibt: »Ich halte an der Spitze fest, und Sie erfassen bitte das Pfeilende. Noch nicht anstoßen und gut festhalten. Bei 3 setzen Sie bitte den Pfeil in Bewegung.« In der Praxis hat sich gezeigt, daß es bei 12 und 6 Risiken gibt. Entweder kann die Impulsgebung durch die Zuschauerin zu schwach sein. Dann pendelt der Zeiger nur hin und her und verrät das Schwerpunktprinzip. Oder aber sie ist zu stark und bei ungenügender Verankerung fällt die Uhr um. Besonders bei der von der Firma BÖTTCHER gelieferten wunderschönen Sonnenuhr ist die Gefahr des Umwerfens groß. Wer kein Risiko eingehen will, kann die Zuschauervariante im Fall von 12 und 6 weglassen, indem er eine Schleife in den Vortrag einzieht: »Meine Damen und Herren! Ich habe schon gehört, daß Zuschauer gesagt haben: ›Der arbeitet mit Eingeweihten und die Uhr zeigt immer auf 5. Oder das war Zufall.‹ Deshalb lassen Sie uns das Gegenwartsexperiment sofort wiederholen.« Wird nun 12 oder 6 genannt, verzichtet man auf die direkte Zuschauermitwirkung. Bei jeder anderen Zahl bittet man eine Zuschauerin auf die Bühne. Währenddessen hat man den Zeiger in der Hand, der jeweils nach dem Anzeigen der Stunde sofort abgenommen wird.

Beim Anmarsch der Zuschauerin hat man ausreichend Zeit, die gewählte Zahl einzustellen. Um sie zu begrüßen, steckt man den Zeiger wieder auf die Uhr – aber spiegelverkehrt! Achtung: Nicht pendeln lassen, sondern nur korrekt aufstecken! Dadurch wird dem Publikum suggeriert, daß der Zeiger kein Schwergewicht haben kann. Hatte das Publikum zum Beispiel 8 gerufen, steht der Zeiger nun ruhig und unschuldig auf 4. Ab jetzt kann die Zuschauerin alles selbst machen. Sie muß nur genau den Anweisungen des Zauberers folgen: »Bitte strecken Sie Ihre rechte Hand waagerecht aus. Nehmen Sie mit der linken Hand, die vom Herzen kommt, den Zeiger ab, und legen Sie ihn auf die rechte Handfläche. Ganz vorsichtig! Fragen Sie bitte nun den Rufer noch einmal, welche Zahl er gewünscht hat. Nur zur Kontrolle! Bitte! – Und dann setzen Sie den Zeiger auf eine beliebige Position. Achtung: Noch nicht loslassen, denn der Zeiger ist hochsensibel und reagiert auf jeden kleinen Anstoß. Sprechen Sie die gewählte Zahl noch einmal laut und deutlich aus, und lassen Sie dann den Zeiger kreisen.« Wenn die Zuschauerin jetzt den Zeiger aufsteckt, hat sie ihn automatisch spiegelgedreht, und alles geht von selbst.

Nachdem sie wieder an Ihrem Platz ist, folgt das Zukunftsexperiment. Hierzu gibt es nicht viel zu sagen, außer daß die kleine Lüge »Mit zwei Würfeln lassen sich ja alle Zahlen bis 12 darstellen.« von niemandem bemerkt wird (korrekterweise müßte es ja »von 2 bis 12« heißen). Aber man kann auch »zwischen 1 und 12« sagen. Diese Formulierung verdeckt den wahren Sachverhalt. Es ist günstig, sich mit der Forcezahl auf 9 oder 3 festzulegen. Somit hat man wieder die ideale Ausgangsposition zum Drehen des Rädchens. Wichtig ist zu betonen, daß sich der Zeiger schon dreht und dann erst die Würfel fallen.

»Und nun, meine Damen und Herren, zum Höhepunkt. Vor Beginn unseres Uhrenexperiments hat jemand eine Zahl eingestellt, die nur er kennt. Sie kann jederzeit nachkontrolliert werden, ist aber bislang in dem Kästchen verborgen. Sie, mein Herr, sind der einzige, der die Zahl kennt. Bitte sagen Sie nichts, sondern kommen Sie mit dem Kästchen zu mir auf die Bühne.«

Begrüßen Sie den Mitspieler, und nehmen Sie ihm gleichzeitig das Kästchen aus der Hand. Zeigen Sie es demonstrativ dem Auditorium mit den Worten: »Wie Sie sehen, meine Damen und Herren, ist es unmöglich, die eingestellte Stunde abzulesen, ohne das Kästchen zu öffnen. Bitte nehmen Sie das Kästchen zurück, und lassen Sie niemanden hineinblicken. Erst wenn der große Zeiger zur Ruhe gekommen ist, öffnen Sie bitte das Kästchen und zeigen es Ihren Nachbarn zur Kontrolle.« Während dieser kleinen Prozedur haben Sie heimlich die eingestellte Zahl ermittelt.

»Sie wissen, meine Damen und Herren, daß jeder Mensch seine Gegenwart durch seinen freien Willen bestimmen kann. Auch auf die Zukunft haben wir einen gewissen Einfluß. Aber die Vergangenheit – sie ist unserem Einfluß entzogen. Sie ist endgültig und keine Macht der Welt reicht an sie heran. Aber diese Geisteruhr wird ihre Kraft rückwärts in die Zeit verlagern. Das einzige, was ich von Ihnen, mein Herr, wissen muß, ist: vormittags oder nachmittags, damit ich weiß, ob ich rechts- oder linksherum drehen muß. Achtung!« Der Zeiger rotiert und stoppt, und dann wird die in der Vergangenheit gewählte Uhrzeit durch Öffnen des Kästchens preisgegeben.

Möglicherweise ist die Bewußtseinslage unserer Zuschauer durch das Aufkommen der Elektronik heute anders als zur Zeit CAMBELLAS, für den die Geisteruhr ein sicherer Applausbringer war. Der Trick liegt ja noch ein wenig auf der Linie der Demonstration eines mechanischen oder physikalischen Meisterstücks, so wie die Programme vom 18. Jahrhundert an, über ROBERT HOUDINS Automatenschau bis zu JOE LABEROS Demonstration flüssiger Luft, was noch in der Weimarer Republik gezeigt wurde. Man könnte aus der Not eine Tugend machen und die Geisteruhr heute nostalgisch verkaufen: »Sie wissen, daß früher die Programme der Zauberkünstler ganz anders ausgesehen haben als heute. Das technische, physikalische oder chemische Wissen des Publikums war gering, und so traten in früheren Zeiten die Magier als Professoren der Physik und Metaphysik auf. Die Zauberschau früherer Tage war also eine Art ›Knoff-hoff-Show‹, und fast alle hatten die sogenannte Geisteruhr in ihrem Repertoire. Ich sammle nebenbei historische Zaubergeräte, und dies hier ist solch eine Geisteruhr...« Und je nach schauspielerischem Vermögen kann man in die Rolle eines Zauberers aus dem 19. Jahrhundert schlüpfen oder auch nur dieses kuriose Gerät zeigen, indem man kommentiert, wie die Kollegen früher gezaubert haben. Übrigens hätte eine derartige Präsentation den Nebeneffekt, die Gedanken des Publikums in Richtung »Automat« irrezuleiten.

Gipfel

Unter diesem Titel verkaufte die Firma BARTL vor dem Kriege ein Kaschee für brennende Zigaretten. Es war weniger geeignet, um unter der Jacke getragen zu werden. Seine relativ große, bauchige Form sollte eher für den Gebrauch in der Hosentasche dienen. Man konnte aus seiner Hosentasche nacheinander drei brennende Zigaretten hervorholen. CARL GERD HEUBES, der jetzige Inhaber der Firma

BARTL, hat einen Abdruck der Originalzeichnung freundlicherweise gestattet. Sie zeigt allerdings das Kaschee für nur *eine* Zigarette. Für die CAMBELLA-Tour wird ein Modell mit drei senkrechten Schächten benötigt. Kurz vor der Vorstellung spießt man die brennenden Zigaretten auf die Nadeln und holt sie dann während der Vorstellung brennend aus der Hosentasche. Auf Abbildung 36 findet man diese Nadel und die Einstichstelle durch einen kleinen Pfeil markiert. In der Zeichnung daneben, die eine ganz ins Kaschee hineingedrückte Zigarette zeigt, ist die Nadel gestrichelt dargestellt.

Leider sind durch die Einführung von Zigaretten-droppern mit Zündmechanik die alten Kaschees aus der Mode gekommen. Diese Tanks hatten ja den Nachteil, daß die Zigaretten in ihrem Versteck lustig vor sich hinqualmten (ermöglicht durch die Luftlöcher, Abbildung 36). Sie waren also nur als Auftritts-effekt zu benutzen und mancher Zauberer qualmte während des Zigarettenfanges aus allen Anzugritzen. Ein verräterisches Qualmen ist bei unter dem Jackett hängenden Kaschees schwer zu vermeiden. In der Hose dagegen kann der Qualm zu einer optischen Stärke werden, wie bei Werner Scharneweber. Das Problem des »Auftrittseffektes« hatte freilich auch er: »Ehrlich gesagt, eine Angstpartie war das immer. Vor allen Dingen müssen Sie es selbst machen, oder Sie brauchen eine absolut vertrauenswürdige Person, die Ihnen hinter der Bühne das Kaschee so präpariert, daß die Zigaretten nicht von der Nadel aufgerissen werden oder sie beim Hineinstecken wieder ausgedrückt werden. Ist das Kaschee präpariert in der Hosentasche, muß der Trick so schnell wie möglich gezeigt werden. Ansonsten sind die Zigaretten so weit abgebrannt, daß Sie nur noch halbe produzieren können. Was meinen Sie, wie oft

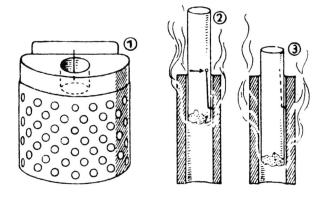

Abbildung 36

Abbildung 37

ich nervös hinter dem Vorhang gestanden habe, wenn der Conferencier noch einen Witz erzählte... und dann noch einen... Manchmal habe ich ihn durch den Vorhang in den Rücken gestoßen, damit er aufhört.« Abgesehen von diesen Tücken ist es aber ein wunderschöner Trick. Hören wir CAMBELLAS Originalvortrag:

»Beim Zauberer gehen die Uhren anders. Wenn Sie, liebes Publikum, sich eine Zigarette anzünden, öffnen Sie die Schachtel, holen Ihr Feuerzeug, das manchmal nicht geht, und so weiter. Als Zauberer denken Sie nur ›Zigarette brenne.‹«

Bei diesen Worten begleitet der Magier das Gesagte durch pantomimische Gesten und zeigt zum Schluß seine Hände demonstrativ leer vor. Dann schaut er beschwörend auf die Hosentasche und erfaßt die Tasche (Abbildung 37), um kurz zu wedeln. Dadurch quillt Rauch aus der Tasche, weil er sich mittlerweile dort angesammelt hat. Das sieht, besonders im Spot, wunderschön und zugleich skurril aus. Nach dem Produzieren muß man gut »durchziehen«, damit auch der letzte im Saal sieht, daß die Zigarette brennt.

»Besonders praktisch ist diese Art des Zigarettenrauchens im Kino. Neulich sah mich so der Portier und meinte: ›Junger Mann, das Rauchen ist hier aber verboten!‹ Während er das sagte, schob ich die Zigarette in die Faust und entgegnete: ›Ich weiß gar nicht, was Sie wollen. Ich hab ja gar keine.‹ Der hat vielleicht geguckt.«

Die Zigarette läßt CAMBELLA mit einer Daumenspitze in freier Hand verschwinden, man könnte aber genauso den Zigarettenzug verwenden.

»Ich hab es mir also im Sessel bequem gemacht, und plötzlich schoß es mir durch den Kopf ›Oh Gott, meine Zigarette!‹«

Es wird wieder mit der Hosentasche gewedelt, und der Qualm steigt erneut empor. Die Zigarette wird langsam mit spitzen Fingern produziert und geraucht.

»Ich habe also auf meinem Platz gemütlich weitergeraucht. Da stieg natürlich der Qualm so schön hoch. Und das sah die Platzanweiserin. Zudem: Wohin mit der Asche? Ich nahm also mein Taschentuch heraus und benutze es als Aschenbecher. Die Platzanweiserin kam und stellte mich zur Rede. In dem Moment schob ich die Zigarette ins Taschentuch und sagte: ›Was wollen Sie denn? Ich hab' doch gar keine Zigarette.‹ Darauf die Platzanweiserin: ›Und was haben Sie da im Taschentuch?‹ Aber es war weder Asche noch ein Loch drin und die Situation gerettet.«

Dabei wird eine zweite Daumenspitze verwendet, die hinter dem Taschentuch in der Ziertuchtasche steckt.

»Der Film war ungeheuer spannend, so daß ich nicht mehr an meine Zigarette dachte. Aber als die Vorstellung aus war...« Bei diesen Worten wird wieder gewedelt. »...da konnte ich endlich meine Zigarette in Ruhe rauchen.« Die Stimmführung muß nun dem Publikum signalisieren, daß nach diesem dritten Produzieren der Trick zu Ende ist und der Applaus einsetzen darf. Für dieses Kunststück ist es günstig, Zigaretten mit Überlänge zu verwenden.

Felix Woys Kartenverschwinden

»Heute«, so Werner Scharneweber, »leben wir in einem magischen Paradies. Die vielen Händler mit ihren neuen Trickentwicklungen, die Zeitschriften, Bücher, Kongresse – all dies gibt dem Interessierten

vielfältige Möglichkeiten. Wir kannten vor dem
Zweiten Weltkrieg Horster und Bartl, und das war's
denn schon. Vielleicht ein oder zwei Zauberbücher
aus dem öffentlichen Buchhandel, aber da standen
immer dieselben Tricks drin. Also gab es eigentlich
nur einen Weg: Versuchen, so viele Profis wie möglich zu sehen und sich hier Anregungen zu holen.«
Vielleicht liegt darin auch der Grund, daß Cambella
sich an viele Einzelheiten erinnert. Immer war das
Ansehen eines »Großen« mit der Frage verbunden:
»Wie macht er diesen oder jenen Trick? Wie könnte
ich ihn nachbauen?« Ob die eigene tricktechnische
Lösung tatsächlich mit dem Original übereinstimm-
te, war für den Zweck der Anreicherung des eigenen
Programms letztlich gleichgültig. Freilich: Beim
Nachbau eines komplizierten feinmechanischen Gerätes gab es für den Amateur oftmals Grenzen, aber
die einfacheren Kunststücke ließen sich adaptieren.

In dieser Hinsicht war die buchstäbliche Not der
Nachkriegsjahre eine Tugend für den dem Profi nach-
eifernden Amateur, wie das Beispiel Felix Woy zeigt.
Kurz nach dem Krieg trat er im Hamburger Hansa-
Theater als »Felix Woy, das Kartenphänomen« auf.

Der Weltkrieg hatte viele Künstlerkarrieren bru-
tal beendet, indem die Requisiten durch Bomben
oder das Chaos zu Kriegsende vernichtet wurden.
Viele Profis standen allein mit ihrem Können da –
und vielleicht gerade noch mit einem Kartenspiel. So
auch Felix Woy, der in jenen Tagen eine Bühnennum-
mer kreierte, die aus Kartenmanipulationen und
einigen eingestreuten Kartentricks bestand. Nun sind
bekanntlich viele Kartenkunststücke Close-up-
Tricks. Aber Woy ließ sich etwas einfallen, um durch
geschickte Präsentation Mikrotricks auf Bühnen-
dimension zu vergrößern.

Auf der Bühne standen zwei Stühle mit den Rückenlehnen zueinander, zwischen ihnen etwa ein Meter Zwischenraum. Ein Netz war mit Nägeln oder Heftzwecken an den Lehnen befestigt (Abbildung 38). Für seine Darbietung benötigte der Künstler außerdem ein amerikanisches Kuvert. Es ist quasi ein Umschlag mit »doppeltem Boden«, der sich leicht herstellen läßt. Die Vorderseite eines zweiten Umschlages wird in den Umschlag hineingeschoben. Dadurch entstehen zwei Abteilungen. In die vordere Abteilung (die an der Adressenseite) kommen zwei Duplikatkarten, zum Beispiel Pik As und Herz Dame. Dann werden die Mittelstückkanten rechts, links und oben mit einem dünnen Klebstoffstrich mit der *Adressenseite* des Originalkuverts verklebt. Dagegen verklebt man die Unterkante des Mittelstückes mit einem circa 1 cm breiten Klebstoffstrich an der *Rückseite* des Originalkuverts.

Dieses gleichsam diagonale Verkleben hat einen Vorteil. Wird nämlich das Kuvert kurz leer vorgezeigt und dann ganz herkömmlich zugeklebt, kann man es zum Schluß an der Unterkante aufreißen. Dann fallen die Karten heraus, und der Umschlag wirkt immer noch unpräpariert, weil wiederum nur eine Abteilung sichtbar ist.

FELIX WOY hatte ein solches mit zwei Karten geladenes, aber ganz unschuldig leer vorzeigbares Kuvert zusammen mit einem Bleistift in seiner inneren Brusttasche. Der Trick bestand darin, die beiden entsprechenden Karten zu forcieren, sie aus dem Spiel verschwinden zu lassen und aus dem verschlossenen, vorher leer gezeigten Kuvert wieder hervorzuholen. »Das großartige bei WOY war, daß er das Verschwinden genial einfach bewerkstelligte und sich so völlig auf die Präsentation konzentrieren konnte. Ich bin mir ziemlich sicher, daß meine

Abbildung 38

CORNERSHORT

KLEBESTELLE

Abbildung 39

Lösung die richtige ist«, meinte Werner Scharneweber. Hier seine Rekonstruktion, die ihm als Amateur stets gute Dienste leistete.

Es wird ein präpariertes Spiel verwendet, mit dem man in einem Rutsch Karten forcieren und verschwinden lassen kann. Trotz der Präparation kann man es gefahrlos, etwa zum Mischen, aus der Hand geben. Die beiden Forcekarten (Herz Dame und Pik As) sind jeweils am unteren Rand hinter eine andere Karte geklebt. Die verklebte Stelle soll nicht mehr als 1 cm betragen. Am einfachsten machen Sie es sich, wenn Sie doppelseitigen Klebefilm verwenden. Er besitzt die zum Verkleben von Karten notwendige Elastizität. Die vordere Karte (Wert beliebig) ist eine Cornershort (das heißt eine mit einer Nagelschere an einer Ecke leicht gekürzte Karte), und zwar nur in der rechten oberen Ecke (Abbildung 39). Beide Forcekarten (eigentlich Forcedoppelkarten) liegen gegenläufig, das heißt einmal zeigt die gekürzte Ecke nach oben und einmal nach unten.

Das Forcieren geht ganz einfach: Sie riffeln einem Mitspieler das Spiel an der oberen rechten Ecke einmal vor und lassen ihn während des Rauschens »Halt« sagen. Es ist ein Leichtes, ihn beim Abspringen der Cornershort stoppen zu lassen. Damit wird für ihn die Forcekarte automatisch sichtbar, und er soll sich diese Karte merken. Für das zweite Forcieren drehen Sie das Spiel nur einmal um die Längsachse und wiederholen den Vorgang.

Nun zurück zur WOYSCHEN Präsentation: Er warf ein Kartenspiel (das präparierte) ins Publikum und bat den Fänger, vorzugsweise einen Mann, das Spiel zu mischen und auf die Bühne zurückzubringen. »Suchen Sie sich noch einen zweiten Herrn aus, mit dem Sie gemeinsam das Prüfungskomitee bilden.« Während der zweite Herr auf die Bühne kam, hatte Woy die beiden Karten durch spielerisches Rauschen lokalisiert und in die Mitte des Spieles gebracht. Dazu gibt es zwei Möglichkeiten. Entweder beide Forcedoppel liegen ziemlich nahe beieinander. Dann genügt es, sie durch Abheben einfach in die Mitte zu bringen. Oder sie sind voneinander entfernt. Dann wird zunächst eine Forcekarte in die Mitte gebracht und nach dem ersten Forcieren abgehoben. Damit ist dann die andere Forcekarte in der Mitte.

Woy legte das Spiel zunächst einem Herren auf die ausgestreckte Hand: »Daumen drauf, damit ich nichts klauen kann, und nicht fallen lassen! Es ist nicht elektrisch.« Mit diesem Spruch wurde dafür gesorgt, daß der Zuschauer nicht mit den Karten herumspielte. »In meiner Brusttasche«, fuhr Woy fort, »habe ich ein Kuvert. Bitte überzeugen Sie sich, daß es leer ist. Es wird verklebt. Bitte signieren Sie das Kuvert mit diesem Bleistift. Zurück in die Tasche damit.« Dann folgte das Forcieren der beiden Karten. Woy ließ anschließend die Karten gut mischen. Dann trat er hinter das Netz und ließ die Mitspieler rechts und links von den Stühlen, etwas zum Publikum hin versetzt, Aufstellung nehmen: »Ich werde jetzt eine Karte nach der anderen in das Netz werfen. Und Sie rufen bitte jeweils laut ›Halt‹, wenn Ihre Karte kommt.« Beide Zuschauer mußten am Schluß zugeben, daß ihre Karten verschwunden waren. »Und wie hießen Ihre Karten?« fragte Woy. Nach der Antwort »Pik As und Herz Dame« zog er das Kuvert aus der Tasche, ließ die Signierung prüfen und riß den Umschlag auf. Die Karten waren gewandert.

Das heutige Datum

Es gibt unzählige Zahlentricks, und CAMBELLAS »Das heutige Datum« ist eigentlich eine uralte Sache – aber in einer exzellenten Verpackung, die selbst Laien ein Rätsel aufgibt, die das Grundprinzip aus einem Zauberbuch kennen mögen. Durch eine raffinierte Pointe wird der Trickhergang nämlich völlig verschleiert. – Lassen wir Werner Scharneweber selbst zu Worte kommen:

»Zuerst müssen Sie das jeweils heutige Datum selbst genau kennen, sonst blamieren Sie sich. Und dann geht es los. Sie lassen sich von einem Zuschauer zwei vier- oder fünfstellige Zahlen nennen. Das hängt davon ab, ob das Datum des Tages vier oder fünf Stellen hat. Am 12.9.92 bitten Sie um fünfstellige Zahlen und zum Beispiel am 3.6.92 um vierstellige Zahlen. Reichen Sie dem Zuschauer Zettel und Bleistift und lassen Sie seine *beiden* fünfstelligen (beziehungsweise vierstelligen) Zahlen untereinanderschreiben (›...Bitte möglichst bunte Zahlen, dann wird es schwieriger.‹). Jetzt treten Sie in Aktion. Sie behaupten, daß Sie ein Computergehirn haben, daß Ihr Gehirn sogar schneller arbeitet als jeder Computer, und daß zu beachten sei, daß Sie keinerlei Rechenschritte ausführen!

Diese Bemerkungen sind sehr wichtig. Denn der Zuschauer weiß natürlich, daß es sich um einen Trick handelt. Aber wenn Sie die Bemerkung zügig und selbstsicher machen, wird er am Schluß sagen: ›Ja, ich weiß auch nicht – gerechnet hat er ja gar nicht!‹

Sie müssen nun drei weitere Zahlen unter die zwei Ausgangszahlen des Zuschauers schreiben, je nachdem vier- oder fünfstellig. Dabei führen Sie zwei kleine Manipulationen durch. Zunächst nehmen Sie das Datum des Tages und schreiben es als dritte Zahl hin, mit dem einzigen Unterschied, daß Sie die letzte Ziffer um zwei erhöhen. Also am 3. 6. 92 lautet Ihre Zahl 3694. Die nächsten zwei Zahlen, die dann kommen, müssen Sie folgendermaßen auf 9 ergänzen: Hat der Zuschauer zum Beispiel als erste Zahl 8152 geschrieben, dann lautet Ihre vierte Zahl 1847. Hat er als zweite Zahl beispielsweise 8067 geschrieben, lautet die fünfte Zahl 1932.

Jetzt wird auch klar, warum Sie gesagt haben ›möglichst bunte Zahlen‹. Schreibt er nämlich zum Beispiel 77707 hin, so lautet ja Ihre Zahl 22292. Da schrillt die Alarmglocke beim Publikum sehr schnell.

Lassen Sie die fünf Zahlen addieren, oder addieren Sie selbst laut gemeinsam mit Ihrem Publikum, das die Rechnung nachvollzieht. Haben Sie alles richtig gemacht, kommt immer eine Zahl heraus, die vorne eine 2 als Anfangsziffer hat. Nun behaupten Sie: ›Die erste 2 hier, die vergessen wir mal. Die soll nur bedeuten, daß an dem Experiment zwei Personen beteiligt waren.‹ Streichen Sie die 2 durch, oder wenn Sie mit einer Tafel arbeiten, löschen Sie sie aus. Dann fragen Sie, ob dem Publikum an dem Ergebnis irgend etwas auffällt. Das wird in den meisten Fällen verneint. Und dann machen Sie Punkte zwischen die Ziffern, so daß die Zuschauer auf die richtige Spur gelenkt werden, also bei der Ergebniszahl 3692 sieht das Ganze so aus: 3.6.92. Und wenn Sie erneut fragen: ›Fällt Ihnen jetzt was auf?‹, dann kommt mit Sicherheit die Reaktion: ›Das ist ja das heutige Datum!‹‹«

Die B*ERGLAS*-Variante

Wie gut dieses Prinzip ist, kann man daran erkennen, daß der weltbekannte englische Mentalist
DAVID BERGLAS sich nicht scheute, es auf einem Zauber-
kongreß vor Kollegen während einer Gala zu zeigen
und auch die fachkundigen Zuschauer damit herein-
zulegen. Seine Präsentation war etwas ausgefeilter
und raffinierter.

Als wir uns später darüber unterhielten, meinte
BERGLAS »Die Zuschauer erkennen sogar ihre eigene
Telefonnummer in der Schlußpointe nicht und sind
dann regelrecht geschockt.« Ob das heutige Datum,
eine Telefonnummer, ein Geburtsdatum oder eine
Personalausweisnummer – in der BERGLASschen Verpackung ist dieser kleine Rechentrick ein universell
einsetzbarer Knüller. Freundlicherweise hat BERGLAS
einer Veröffentlichung seiner Variante zugestimmt.

Sie müssen dazu nur die fünfstellige Zahl, welche
später als Ergebnis erscheinen soll, vorher kennen:
Eine Telefonnummer, das aktuelle Datum oder ein
Geburtsdatum, und so weiter. Nehmen wir an, es sei
ein Geburtstag: 10.4.47. Nun drehen Sie diese Zahl
um: 74401. Dies ist die Ergebniszahl. Damit lautet
nach unserer Regel die eigene Schlüsselzahl 74403.

BERGLAS führt »Das heutige Datum« als Bühnen-
experiment vor und hat anstelle einer Tafel einen
großen Abreißblock in DIN-A2-Größe, den er mit
einem dicken Filzstift beschreibt. Das erste Blatt ist
leer, aber auf der Rückseite befindet sich ein dicker
Doppelpfeil (Abbildung 40).

»Meine Damen und Herren, ich möchte Ihnen ein
sehr eigenartiges mathematisches Phänomen demonstrieren. Dazu bitte ich Sie, mir eine fünfstellige Zahl
zuzurufen... Und bitte eine zweite; damit die Sache
interessanter wird, sollte sie der ersten nicht zu sehr

ähneln.« BERGLAS notiert beide Zahlen untereinander und sagt dann: »Ich selbst werde jetzt auch einige Zahlen dazuschreiben.« Dabei schreibt er zunächst die Schlüsselzahl (in unserem Beispiel 74403) hin und dann die beiden weiteren, die sich durch die Ergänzungsregel »auf 9« ergeben.

»Addieren wir die fünf Zahlen... Bitte rechnen Sie mit... Als Ergebnis erhalten wir 274401. Daran ist auf den ersten Blick nichts Außergewöhnliches. Streichen wir zunächst die vorderste Ziffer, also die Zwei, durch. Sie besagt nur, daß zwei Zuschauer an diesem Experiment beteiligt waren. Können Sie jetzt etwas besonderes an der Zahl entdecken? Nun, ich möchte Sie auf die Rückseite meines Papierblattes aufmerksam machen.«

BERGLAS reißt das vorderste Blatt ab. »Damit wir unser Ergebnis nicht aus den Augen verlieren, schreibe ich es deutlich für alle noch einmal hin.« Bei diesen Worten notiert er das Ergebnis auf das nunmehr leere vordere Blatt des Blockes. Dann dreht er das abgerissene Blatt um. Anstelle des erwarteten vorausgesagten Ergebnis erblickt das Publikum nur ein zunächst unverständliches Symbol (den Doppelpfeil): »Sie sehen hier ein Symbol, das in der Mathematik ›Umkehroperator‹ genannt wird. Der Umkehroperator wird bei Zahlenkolonnen angewendet. Versuchen wir es einmal...«

Wenn BERGLAS die Ergebnisziffernfolge nun in umgekehrter Reihenfolge unter das Ergebnis schreibt, sorgt er mit zwei optischen Finessen für eine Verstärkung der Schlußpointe: Zum einen malte er die Ziffern der zweiten Zahl größer und fetter, um sie so als jetzt allein wichtig herauszuheben. Zum anderen sorgt er für einen kleinen Abstand zwischen den Ziffern für die später einzufügenden Punkte. – Weiter geht es jetzt wie in der CAMBELLA-Fassung.

Wie man sieht, kommt es oft nur auf kleine Feinheiten beim Verkauf an, um einen großen Effekt zu
erzielen.

Einfacher Einhandseilknoten

Wahrscheinlich kennen Sie die Technik, in ein Seil
mit einer Hand einen Knoten zu schlagen. Es ist
zwar nicht ganz einfach, aber doch um ein Vielfa-
ches einfacher, als es aussieht. Wer den Einhandseil-
knoten beherrscht, steht mit einem Schlag als ein
Mensch von grandioser Fingerfertigkeit da.

Zur Erinnerung die Technik. Erfassen Sie ein Seil
von circa 1,20 m Länge, wie in Abbildung 41 zu
sehen ist. Sie brauchen jetzt nur mit dem ausgestrek-
kten Zeigefinger gegen das Seil an die markierte
Stelle zu schlagen, und es wird sich von selbst ein
Knoten bilden. Man kann eigentlich keine weitere
Hilfestellung geben. Sie müssen anfangen zu probieren, und irgendwann klappt es.

Nehmen wir einmal an, Sie beherrschen den Ein-
handseilknoten. Ganz ehrlich: Wievielmal klappt es
bei zehn Versuchen? Immer? Dann brauchen Sie
nicht weiter zu lesen. Oder Sie haben ein Spruch auf
Lager, wenn es nicht klappt? »Es ist noch zu früh.
Der Knoten arbeitet gewöhnlich erst ab Mitternacht.«
Oder: »Sie sehen, meine Damen und Herren, wie
schwierig die Sache ist. Es klappt eigentlich nur bei
jedem dritten Mal.« (Na, da haben Sie dann noch
zwei weitere Würfe frei...)

Werner Scharneweber hat seine Trefferquote
durch eine kleine Seilpräparation erhöht. Er hat in
das untere Seilende circa 10 cm Gardinenband eingeklebt. Sie wissen, was Gardinenband ist: Es handelt sich um eine Kette von Bleikugeln, mit einem

Abbildung 40

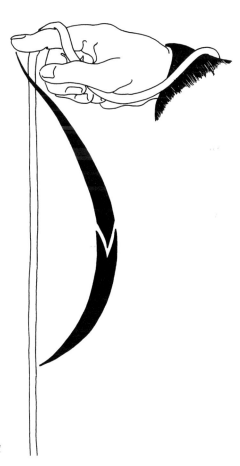

Abbildung 41

dünnen Stoffmantel umgeben. Das ist alles. Durch das beschwerte untere Ende bildet sich nun der Einhandknoten fast wie von selbst. Falls Sie Angler sind, können Sie natürlich auch einfach zehn Bleikügelchen aus Ihrem Fundus in das Seil einkleben.

Jetzt noch ein Routinetip. Der Einhandknoten eignet sich vorzüglich als Zusatzclimax nach einer beliebigen Seilroutine. Zum Beispiel paßt er gut zur »Chinesischen Wäscheleine«, der Befreiung eines Seidentuches von einem senkrecht gehaltenen Seil. Sie können den Trick unter dem Titel »Dissolvo« bei KELLERHOF oder als »Afrika-Seile« bei STOLINA beziehen. Aber auch in der Literatur werden sie fündig: Im RICE finden sich mehrere Methoden, um ein auf ein Seil aufgeknotetes Tuch zu befreien. Und schließlich hat MACK NINI in der »Magie« die klassische Technik unter dem Titel »Seil-Routine mit Vortrag« (»Magie«, Jahrgang 1980, Seiten 38 - 43) beschrieben.

Am Schluß haben Sie das Tuch vom Seil abgezogen und kassieren den Applaus. Sie halten dabei in der linken Hand senkrecht das Tuch mit einem Knoten in der Mitte und in der rechten Hand das Seil, ebenfalls senkrecht nach unten hängend. Während das Publikum applaudiert, wickeln Sie das Seil ein paarmal um das Handgelenk, so daß es die richtige Länge für den Einhandknoten hat. Schauen Sie dabei auf das Tuch in der Linken und dann ins Publikum. Ihre rechte Hand befindet sich mittlerweile in der Position von Abbildung 41. »Sie müssen zugeben, meine Damen und Herren, daß es sich hierbei um eine wirklich sehr brauchbare Knotentechnologie der Chinesen handelt. Aber wenn das schon gut ist...« Damit blicken Sie auf das Seil und zur Spannungserhöhung ins Publikum. Schlagen Sie dann den Einhandknoten: »...dann ist dies knotentechnologisch Spitze!«

Wie schon gesagt, sind Sie nicht an eine Tuchseil-Durchdringung gebunden. Eigentlich kann man an fast alle Seiltricks das Einhandknotenschlagen als I-Tüpfelchen anschließen.

Der Zauberautomat

Als ich Werner Scharneweber das erste Mal in seinem kleinen Häuschen aufsuchte, hatte er bei mir außer einem Berg antiquarischer Literatur einige kleine Tricks bestellt – unter anderem WERRYS Zauberautomaten. Ich war neugierig, was er wohl mit diesem von »Kollegen« gewöhnlich als »Kinderkram« unterschätzten Trick wollte. Denn ich selbst führe ihn mit Vorliebe beim Tablehopping (Restaurantmagie von Tisch zu Tisch) vor. Wie zu erwarten, kamen wir über den Zauberautomaten ins Gespräch und tauschten unsere Erfahrungen und Routinen aus.

Nun folgen gleich zwei Touren: »CHRISTOPHS Lernmaschine« und »CAMBELLAS Geldmaschine«. Falls Sie keinen Zauberautomaten im Fundus haben, können Sie ihn für wenig Geld im Zaubergerätehandel beziehen. Mit Sicherheit bekommen Sie ihn von WERRY, denn der hat ihn erfunden und stellt ihn auch her. Wer ihn jetzt nicht zur Hand hat, kann eine Darstellung bei WITTUS WITT im Buch »Taschenspieler-Tricks« auf der Seite 97 nachlesen.

CHRISTOPHS Lernmaschine

Wie schon angedeutet, funktioniert das kleine, aus Deckel und Unterteil mit Plattform bestehende Ding (Abbildung 42) automatisch. Das heißt, Sie können Kinder, aber auch gestandene Manager (Sie werden gleich sehen, wieso vorzugsweise diese) den Trick selbst am Tisch vorführen lassen, mit Ihrer Hilfe natürlich. Ein Groschen wird entliehen und auf die Plattform gelegt. Deckel darauf, und nun muß der Zauberlehrling Ihnen die magischen Worte nachsprechen: »Tschasti – Plasti! Schento – Malento! Schnipp – Schnapp!« Selbstverständlich gehören ein dämonisch beschwörender Blick und entsprechende magische Handbewegungen hinzu. Dann darf Ihr Mitspieler selbst den Deckel abnehmen, und darunter findet sich ein Pfennig. »Was ist das?« fragen Sie. Jeder wird antworten: »Ein Pfennig!«, worauf Sie trocken bemerken: »Nein, das ist Inflation!« Stecken Sie unter dem Lachen des Publikums den Zauberautomaten weg. Manchmal wird dem Groschen nachgeweint. Da können Sie noch einen kleinen Spruch draufsetzen: »So kann man sich auch die Gage zusammenzaubern. Aber glauben Sie mir, das ist sehr mühsam...«

Falls nun Erwachsene am Tisch sitzen, insbesondere bei Geschäftsleuten, leite ich die Geschichte nicht als »Zaubernlernen« ein, sondern stelle das Automatenunterteil (Deckel daneben) auf den Tisch und frage: »Was ist das?« Nachdem sich die Zuschauer ein wenig mit Raten abgemüht haben, gebe ich die Auflösung: »Das ist eine Lernmaschine für Finanzwissenschaft. Sie wissen ja, das ist der schwierigste Bereich der Wirtschaft, und deshalb hat man jetzt solch eine Lernmaschine entwickelt.« Und dann erbieten Sie sich, einem Mitspieler die Grundbegriffe der Finanzökonomie beizubringen. Er darf einen Groschen oder eine Mark hervorkramen und der Rest läuft nun wie in der Kinderroutine.

Lassen Sie mich an dieser Stelle eine Anmerkung zu den Präsentationsanregungen machen, die in der Originalerklärung stehen. Meine Erfahrungen ha-

Abbildung 42

ben gezeigt, daß trotz präziser Konstruktion des Gerätes und trotz der Finte mit dem »Denkste«-Plättchen einigermaßen intelligente Zuschauer zum Deckel greifen und das Trickprinzip erkennen. Daher mein Rat: Verzichten Sie nicht auf den »Inflations«-Spruch. Die witzige Pointe überdeckt nämlich den Effekt und läßt das Publikum die Frage vergessen, wie es denn nun geht. So verwandelt sich eine Gerätetrickserei in ein Kunststück. Sie wissen doch: Wer etwas hinterher zum Untersuchen gibt, degradiert die Zauberkunst zum Detektivspiel und gibt das Heft aus der Hand. Am besten, Sie lachen nach Ihrem »Inflations«-Spruch gemeinsam mit dem Publikum und stecken dabei beiläufig den Automaten weg.

CAMBELLAS *Geldmaschine*

Das Publikum für Werner Scharnewebers Close-up-Magie bildeten Menschen, die ihn zu Hause besuchten. Als pensionierter Schneidermeister führte er in seiner kleinen Kellerwerkstatt ab und zu kleine Aufträge für alte, treue Kunden aus. Besonders wenn Kinder ihre Mütter begleiten mußten, versüßte CAMBELLA ihnen den Besuch mit ein paar Mikrowundern. »Der Zauberautomat,« so Werner Scharneweber, »ist ein wunderschönes Abschiedskunststück für Kinder. Ich halte ihn bereit, geladen mit einem Fünfziger. Ich frage das Kind, ob es Lust hat, mit mir Geld zu zaubern. Welches Kind wollte da nicht gerne mitmachen?! Also, den vorbereiteten Zauberautomaten hergeholt und außerdem etwas Silberpapier von einer Schokoladentafel, einer Zigarettenschachtel oder einer Rolle Frischhaltefolie. Ich reiße ein entsprechendes Stück ab, rolle es zwischen den Fingern und drücke es dann platt, so daß zum Schluß ungefähr die Form eines Fünfzigpfennigstückes herauskommt. Dann legt das Kind das Silberpapiergebilde auf die Plattform und spricht eine Zauberformel. Das erschienene Geldstück darf es behalten.«

Schön und gut, werden Sie nun einwenden, besteht aber nicht die Gefahr, daß die Kinder den Trick wiederholen wollen? Auch dafür hat CAMBELLA einen Ausweg parat: »Weißt du, ich will dir mal erklären, wie man Geld macht. Es liegt an dieser besonderen Silberfolie, die ich jedesmal vorher bei einer Fabrik kaufen muß. Und die Folie ist sehr teuer. Um ein Fünfzigpfennigstück herzustellen, braucht man Folie, die ungefähr zwei Mark kostet. Du siehst also, daß man das nur einmal zeigen kann, weil es so lustig ist. Aber dauernd kann man damit kein Geld zaubern, das wird zu teuer...«

Kleinkram

Die Überschrift verführt vielleicht zur Unterschät-
zung der folgenden Tip-Sammlung. Aber gerade
Kleinigkeiten sind die eigentlichen Erfolgsgeheim-
nisse in der Zauberkunst. Das, was Profis in langen
Jahren an Feinheiten entwickeln, was aus der Not als
Ausweg geboren wurde oder was sich aus spontanen
Einfällen während einer Vorführung in dem Zusam-
menspiel mit dem Publikum ergab. Die Praxis ist
immer noch die beste Lehrmeisterin.

Wenn etwas versehentlich herunterfällt
»Wissen Sie, was das war?« – Publikum schweigt
(Aber nicht zu lange warten, damit kein Zwischen-
ruf kommt. Ansonsten müssen Sie wirklich schlag-
fertig sein!) – »Aber Sie können doch nicht alle in der
Schule gefehlt haben... Das war die Anziehungskraft
der Erde.«

Gag für den Eierbeutel
Am Schluß zieht der Künstler mit der Bemerkung
»Zur Sicherheit habe ich immer ein Ersatzei in der
Hosentasche...« ein Latexspiegelei heraus. »Da
können Sie mal sehen, wie ich geschwitzt habe.«
Oder: »Da können Sie mal sehen, was hier oben für
Temperaturen herrschen.«

Gag für die Handguillotine
Viele Künstler ziehen die Gummihand einfach aus
einem Eimer hervor. CAMBELLA hatte sie zwischen
zwei Zeitungsseiten (Doppelblatt) gegeben: »Ja, legen wir am besten noch die Zeitung hin, um den
Fußboden zu schützen.« Dabei fiel die Hand »versehentlich« heraus.

Spruch für das Tuchei

Unmittelbar vor dem Klimax sagte CAMBELLA: »Und sollte es wirklich mal einer gesehen haben, wie Sie es machen oder jemand hat das Loch bemerkt, dann nehmen Sie einfach das Loch weg und stecken es in die Tasche.« Dabei bekommt das gefoolte Publikum den Eindruck, daß der Trick zu Ende ist und wird applaudieren. Erst dann setzen Sie mit dem Zerschlagen des Eies am Glasrand einen drauf und steigern so den Beifall.

Spruch zum Abheben eines Kartenspieles

»Aber bitte auf die feine Art des Abhebens. Das erste Mal vom Herzen weg und das zweite Mal zum Herzen hin.«

Wenn ein Zuschauer in den Trick »eingreifen« will

Nehmen wir die Situation eines Kartenkunststückes an. Wenn hier jemand plötzlich unterbrechend fragte: »Darf ich mal mischen?«, so antwortete CAMBELLA: »Wissen Sie, das geht nicht. Wir sind mitten im Gang der Dinge. Und das ist wie bei einem Kuchen, wo man den Backvorgang auch nicht unterbrechen darf...«

Notausgang für Force-Kartentricks

Es gibt sehr viele gute Bühnenkartenkunststücke, zum Beispiel die Kartenspinne, bei denen eine Karte forciert werden muß. Überall wo eine Mechanik (Kartendegen, Kartenballon) versagen konnte, hatte CAMBELLA die jeweiligen Duplikate zusätzlich in einem versiegelten Briefumschlag in seiner Brusttasche. Wenn das Gerät versagte, war damit der Trick noch nicht völlig »geschmissen«.

Das große Abdecktuch

»Es passiert einem Halbprofi, der zum Beispiel auf Vereinsfesten auftritt, des öfteren, daß er mit seinem Auftritt warten muß, obwohl er schon längst aufgebaut hat. Wie gerne nehmen Kellner oder Musiker oder sonstwer das eine oder andere Gerät in die Hand. Dann ist, wenn nicht das Gerät kaputt, zumindest die Präparation hin.« Als Schneidermeister bot sich Werner Scharneweber eine Lösung an, die sich für ihn hervorragend bewährt hat. Ein großes schwarzes Satintuch wird über den Tisch gebreitet, um den Requisitenaufbau neugierigen Blicken bzw. Händen zu entziehen. Außerdem wirkt ein solcher Aufbau geheimnisvoll.

Handvibratortrick

Der uralte kleine Scherzartikel »Handvibrator« ist ein wunderbares, unsichtbares Karten-Finde-Instrument. CAMBELLA brachte eine gewählte Karte unter eine Leitkarte, die er vom Rücken aus erkennen konnte (mit Rasierklinge ein wenig vom Rückenmuster abgekratzt). Dann ließ er den Zuschauer eine Reihe von acht Karten nebeneinander auslegen. Aufgrund der rückenmarkierten Leitkarte war klar, wo die gewählte Karte lag. Dann bewegte der »Hellseher« seinen ausgestreckten rechten Zeigefinger über die Karten, »um die magnetischen Wellen der gewählten Karte zu orten.« Plötzlich ein eigenartiges Surren über einer Karte, die sich nach Umdrehen als die gewählte herausstellt. Wenn die Karte beim ersten Mal in der Reihe nicht auftaucht, empfängt der große Meister eben auch keine magnetischen Strahlungen. Der Zuschauer schiebt die Karten zusammen und bildet die nächste Achterreihe und so weiter, bis die gewählte Karte dabei ist. Der Handvibrator eignet sich gut zum Kartenfinden, weil er wie ein Billardball in der rechten Hand fingerpalmiert werden kann und ein leichter Druck genügt, um ihn abschnurren zu lassen. Fast alle Funkenringtricks kann man auch mit einem Handvibrator vorführen, der allerdings den Vorzug hat, unmittelbar unter den Augen der Zuschauer einsetzbar zu sein. Er ist somit sicherer als der Funkenring, der ja wegen des kleinen Blechtrichters zwischen den Fingern immer etwas Distanz benötigt.

Epilog

»Si je crois en Dieu?

Oui, quand je travaille. Quand je suis soumis et modeste, je me sens tellement aidé par quelqu'un qui me fait faire des choses qui me surpassent. Pourtant je ne me sens envers *LUI* aucune reconaissance car c'est comme si je me trouvais devant un prestidigitateur dont je ne puis percer les tours. Je me trouve alors frustré du bénéfice de l'expérience qui devait être la récompense de mon effort. Je suis ingrat sans remorse.«

»Glaube ich an Gott?

Ja, wenn ich arbeite. Wenn ich demütig und bescheiden bin, habe ich das Gefühl, daß mir jemand große Hilfe darin leistet, Dinge zu tun, die meine Möglichkeiten überschreiten. Allerdings kann ich *IHN* nicht dafür anerkennen, weil es mir vorkommt, als stünde ich vor einem Zauberer, dessen Taschenspielerkunst mich hinters Licht führt. Deshalb sehe ich mich um die Früchte meiner Erfahrungen gebracht, die eigentlich die Belohnung für meine Anstrengungen hätten sein sollen. Ich bin undankbar und ohne Reue.«

Henri Matisse. Jazz. 1947,
aufgelesen von Volker Huber

Anmerkungen

Bei der im Text häufiger zitierten Zeitschrift »Magie« handelt es sich um das Vereinsorgan des Magischen Zirkels von Deutschland e.V., Düsseldorf.

Der im Text erwähnte WILHELM GUBISCH hat in den sechziger Jahren ein umfangreiches Buch über seine Experimente veröffentlicht: Wilhelm Gubisch. Hellseher, Scharlatane, Demagogen? Eine experimentelle Untersuchung zum Problem der außersinnlichen Wahrnehmung und der suggestiven Beeinflussung einzelner Menschen und Menschenmassen. Kritik an der Parapsychologie. Ernst Reinhardt Verlag, München / Basel, 1961.

Der im Text erwähnte »schwebende Tisch«, den der Zauberkünstler CHEFALO so virtuos vorführte, ist seit den dreißiger Jahren von Floyd Thayer in Los Angeles angefertigt und vertrieben worden.

Impressum

© Edition Volker Huber, Offenbach am Main

Illustrationen
Jens Nielsen, Hamburg

Lektorat
Oliver Erens
Dagmar Döhler

Satz
Gesetzt aus der Palatino

Druck und Bindearbeit
Druckhaus Thomas Müntzer, Bad Langensalza

Belichtung
Lasersatz, Offenbach am Main

Papier
115 g/qm Phoeno-Matt holzfrei halbmatt

ISBN 3-921785-65-0

15. 5. 1995

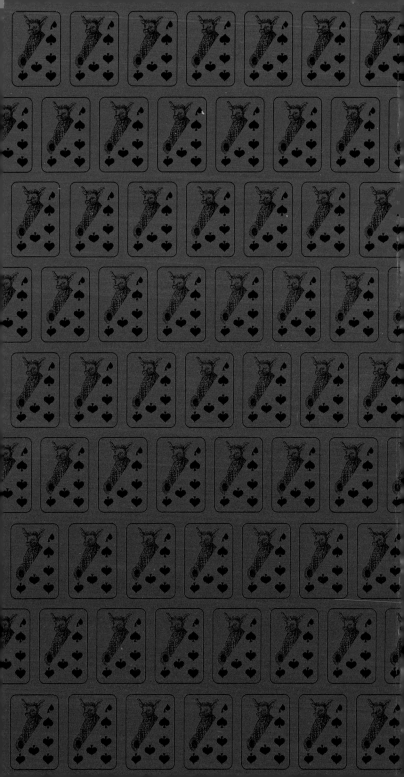